项目管理
在图书出版行业的
应用研究

赵学军 著

大象出版社

图书在版编目(CIP)数据

项目管理在图书出版行业的应用研究/赵学军著.
郑州：大象出版社，2009.12
ISBN 978-7-5347-5755-6

Ⅰ.项… Ⅱ.赵… Ⅲ.图书—出版工作—项目管理—研究—中国 Ⅳ.G239.2

中国版本图书馆 CIP 数据核字(2009)第 231962 号

责任编辑	王晓宁
封面设计	无风夜
出　　版	大象出版社（郑州市经七路25号　邮政编码450002）
网　　址	www.daxiang.cn
发　　行	河南省新华书店
印　　刷	河南新华印刷集团有限公司
版　　次	2009年12月第1版　2009年12月第1次印刷
开　　本	787×1092　1/16
印　　张	13.5
字　　数	150千字
印　　数	1—1 500
定　　价	30.00元

若发现印、装质量问题，影响阅读，请与承印厂联系调换。
印厂地址　郑州市经五路12号
邮政编码　450002　　　　电话　(0371)66202901

序

今年7月,赵学军同志来北京参加第二届数字出版博览会。会上碰面时,她提到她的博士论文已经完成,是关于项目管理应用于图书出版方面的研究,并请我提提意见。项目管理我了解得不多,但是青年学者对出版实践的思考、对出版理论的探索与研究,我非常有兴趣了解,并从内心里感到欣慰,愿意鼓励和支持。

全文读下来,感觉到能自成体系,对指导图书出版工作有所助益。像如何控制成本、如何合理管理时间、如何控制质量、如何测算印数、如何宣传发行等等都是出版单位非常关心的问题,而这些问题通过项目管理的方法能够得到较之以往更有效的解决,这一点从西方发达国家图书出版应用项目管理的实际效果可以得到佐证。

项目管理在中国,特别是在出版界还是新概念,但在英美等发达国家已经成为非常成熟的理论体系。20世纪40年代,美国在研制原子弹的曼哈顿计划中,就最早研究和系统应用了项目管理的方法。国外项目管理在出版中的应用经历了自发到自觉的过程。2000年起,由于图书市场供大于求,直接导致单品种出版物成本上升、利润下降,出版业的竞争加剧,此种情况下出版管理要求进一步提高精细化程度。于是,项目管理提供的方法引起了出版业的关注,也就是从那时起西方出版业进入全面应用项目管理方法的新时期,出版业项目管理理论也得到了迅速的发展。美国小赫伯特·贝利在其撰写的《图书出版的艺术与科学》一书中,对图书出版项目管理给予了较系统和完整的论述。首先,他明确提出图书出版即项目的观点,他认为一部书的出版就是一个项目;其次,强调"恰当处理质量、进度、成本三个相互冲突的目标"是单本图书项目管理的关键,这也是项目管理要实现的目标;第三,发现了出版社单本书经营管理和出版社整体管理之间的关系,提出"出版好单本书必须有健全的组织和整体的出版规划的支持才能实现",引导出版商和出版研究人员关注单本书管理和出版社管理的区别和联系。发展至今,西方图书出版项目管理已经比较完善,特别是项目经理人出现以后,流程的优化和控制成为出版管理的核心,严格的流程表、详尽的检查清单、清晰的岗位职责描述、统一的处理方法等等项目管理手段,使出版管理进入到一个科学和理性的新阶段。西方出版业项目管理的经验非常值得我们借鉴。

此书不但对国外图书出版项目管理的实践经验和理论研究进行了梳理,还结合实际提出了我国应用项目管理的设想和建议。在微观应用层面,作者设计了单项图书出版过程控制等方法和工具;在中观层面,围绕如何选择正确的项目和如何正确地管理多个项目,提出了项目选择机制和工作机制。除了具有一定的实用性和可操作性外,我以为此书的出版还有两点值得肯定:一是出版的时机好。一方面我国的出版单位正面临着转企改制,作为市场主导的企业应该学会运用符合市场规律的管理和运营方式;另一方面,目前我国图书市场也处于供大于求、内容同质化严重、竞争加剧、利润微薄的状况,迫切需要更为科学、理性、精细化的方式和手段，来有效地进行选题策划、过程管理、成本控制。二是选取的角度好。近几年出版科研关注的重点往往放在数字出版上，大量的文章和著述都围绕数字出版的新技术、新模式，但是出版管理方面的研究却没有引起人们足够的重视。我想这也是为什么网络出版、手机出版等数字出版新媒体虽然发展迅猛，但是由于管理缺位造成问题多多的重要原因之一。新技术好比烈马，管理如同骑手，只有好的骑手才能把烈马变成良驹。项目管理就是一个不错的骑手，不仅在传统出版领域有助于出版企业的发展，更能在数字出版领域助出版企业一展身手。

针对此书，我还有一个建议，希望作者能在项目的实例分析上再多下下功夫，这样会让读者更容易理解和应用项目管理的理论和方法。

是为序。

郝振省

2009 年 12 月

目 录

第一章 绪论 …………………………………………………… 1
第一节 研究背景和研究源起…………………………… 1
第二节 研究情况综述与主要概念界定………………… 7
第三节 研究的主要内容、难点和创新之处…………… 12
第四节 研究的理论支撑和思路 ………………………… 13
第五节 研究的特点和价值 ……………………………… 15
第六节 研究的成果 ……………………………………… 16
第七节 研究的发展趋势 ………………………………… 17

第二章 项目管理及其对图书出版管理的影响 ……… 24
第一节 项目管理的相关理论 …………………………… 24
第二节 项目管理导入对国内外出版管理的影响 ……… 30

  第三节 中国图书出版业应用项目管理的实践……………33

  第四节 中国图书出版业实施项目管理的困难……………41

  第五节 中国图书出版业实施项目管理的迫切性………43

第三章 图书出版项目管理体系的建构……………47

  第一节 图书出版项目管理的可行性分析……………47

  第二节 建立图书出版项目管理体系的理论依据………50

  第三节 建立图书出版项目管理体系的基本原则………57

  第四节 图书出版项目管理内容结构分析……………58

第四章 单项图书出版项目管理……………66

  第一节 单项图书出版项目管理过程研究……………66

  第二节 单项图书出版项目职能管理的内容界定………73

  第三节 单项图书出版项目管理的方法和工具………81

第五章 出版社项目化管理的机制……………92

  第一节 出版社项目化管理的项目选择机制……………92

  第二节 出版社项目化管理的组织机制……………101

  第三节 出版社项目化管理的工作机制……………110

第六章 图书出版行业项目管理的相关研究……………119

  第一节 图书出版项目管理的资质认证体系……………119

  第二节 建立图书出版基础数据库的构想……………124

  第三节 中国图书出版业实施项目管理的建议………132

第七章 图书出版项目管理软件的开发和使用……………138

  第一节 项目管理软件及作用……………138

  第二节 图书出版项目管理软件……………140

  第三节 云因出版 ERP 系统软件……………145

第八章　新型图书项目化开发研究 ……………… 178
　　第一节　天朗时代及其开发的 MPR 图书 ……… 179
　　第二节　出版社出版 MPR 图书的可行性分析 ……… 186
　　第三节　MPR 图书的出版与阅读流程 ……… 190
　　第四节　对出版社开发 MPR 图书的建议 ……… 191
本书参考文献 ……………………………………… 197
本人已发表的相关学术论文目录 ……………… 202
后　　记 ………………………………………… 204

第一章 绪论

中国出版业正处于全面转型时期,转型是否到位的关键问题之一是如何建立企业化、市场化的管理模式。项目管理是适合出版行业市场化要求的运营方式,把项目管理运用到图书出版行业是市场体制下出版社解决管理模式问题的现实选择。绪论综述了项目管理在中国图书出版业中研究和应用的成果、问题及发展趋势。

第一节 研究背景和研究源起

一、研究背景

自1999年开始,中国图书出版结束"书荒"时代,进入"书海"时代。图书营销由"卖方"市场转入"买方"市场,出版行业从计划经济转向市场经济。随着新技术在出版产业中的运用、传统出版与数字出版的融合,中国图书出版业进入转型时期。转型,就国家而言,是由一种体制转向另一种体制;就行业而言,是行业的体制、结构、管理、机制等变革。这种转型并非革命式的剧烈变化而是一种渐进式的过渡。许多政治学、经济学和社会学方面的学者普遍认为,自1978年起,中国正处于一种不同于西方经验的转型时期。这次转型是战略的、全面的转型,自然也涉及出版业的诸多层次和内容,主要体现在以下九个方面:

1. **体制转型。** 2007年5月,中宣部在第三届(深圳)国际文化产业博览会上,发布了《我国文化体制改革状况报告》。报告指出:在国有文化企事业单位转制和改制中,出版发行行业始终走在了前列。全国28个省(区、市)组建了新华发行集团,实现了省内或跨省连锁经营。在出版社整体改制中,地方出版社行动较快,已完成整体改制的图书出版社约占地方图书出版社的20.7%。国家部委所属出版社及高校出版社改制也于2007年启动。国家新闻出版总署署长柳斌杰也于2008年5月5日,在新闻出版总署党组中心组理论学习会议上提出:进一步明确出版界整体改制的路线图和时间表,要求"三年内基本完成体制改革,打破地域、行业限制,形成统一开放有序的大市场格局"[1]。

2. **机制转型。** 为适应中国出版产业化要求,中央已决定对出版体制进行重大改革,即除部分党报、党刊保留原来的公益性事业单位体制外,其他所有出版单位都将转型为经营型企业单位。由此看出,这一重大改革旨在大力推动出版业尽快面向市场,建立一套适应市场经济管理体制的出版运行机制,充分发挥市场在出版资源配置中的基础性作用。

近年来一些出版社虽实行了体制改革,但还保留着带有明显计划经济色彩的事业型运行机制,深度改革进展迟缓。面对出版体制改革即将带来的巨大震动,原有运行机制不再是改与不改的问题,而是怎样改、如何改的问题。这场以增强活力、壮大实力、提高竞争力、繁荣社会主义文化为目的的出版体制改革,必须以机制创新为基础。其中出版运行机制包括出版企业内部经营机制、价格机制、市场退出机制等诸多层面。

3. 管理方式转型。我国现行的出版管理方式包括管理体制、管理方法、管理手段,基本形成于20世纪80年代。主要以编校质量管理为核心,重心放在对出版物内容的控制上,用行政管理替代经济规律,忽视经营水平的提高,出版社整体管理简单、粗放、低效。随着出版产业化的发展,出版社由生产型向生产经营型转变。这一转变是1984年6月,文化部出版局在哈尔滨召开的全国地方出版社工作会议上提出的:绝大部分出版社现在是事业单位,实行企业管理,都要做到奖励基金、福利基金的提取同利润挂钩。要使出版社由单纯的生产型逐步转变为生产经营型。自此,出版社开始了管理方式的改革。

4. 盈利模式转型。盈利模式是企业的利润来源、生产过程及产出形式。出版盈利模式就是出版业经营的方式。长期以来,图书出版就是靠卖书赚钱,靠品种数量扩张提高利润总量。但近几年品种数量增长而利润并非同步的现象,引起出版界对盈利模式的关注,许多出版社探索由品种数量扩张向质量效益提高转型。有人总结出版业的一些新盈利模式,如"版权盈利、会展/服务盈利、培训/考试盈利、广告盈利、品牌盈利及新技术盈利等"[2]。

5. 产业组织转型。从产业经济学的角度看,出版业进入门槛低、市场需求多样、产品高度差异化,总体上看不是一个规模效应好的行业。即使国外大的传媒集团,与其他行业的集团相比规模仍然偏小,世界上最大的传媒集团在企业500强中排位在200名之后,传媒集团中的出版社规模更小。而中国的出版业是以行政区域划分的,出版社通常是区域化、同质化的小企业,产业集中度更为低下。图书出版的贸易逆差十分严重。出版企业转制改革以来,出版社开始进行自由竞争,但这种竞争无序、内耗,搅乱了出版物市场,削弱了出版企业的实力,迫使出版业开始产业组织的转型。1999年,中国成立了第一家省级出版集团,拉开了中国出版集团化建设的序幕,目标是向垄断竞争格局转型。至2008年,全国建立了17家出版集团,但规模效益与国外还有很大的差距。因为中国出版集团的出现不完全是市场行为,很大程度上是运用行政手段的结果。2008年,国家提出用3到5年的时间,按照市场机制建成3到5个大型出版集团,使出版资源加速向大型出版发行企业、出版发行集团积聚。

6. 出版结构转型。从依赖于教材、教辅向关注一般图书的方向转型。虽然中国出版一直以教育出版为主导,但近年来教育类图书出版的增幅在减缓,而一般图书的增长相对较快,逐步改变了出版结构。"2003年教育出版物总销售金额为774.19亿元,2006年为928.44亿元。但在2006年表现出明显的减速倾向,增长率只有2.57%。相反,专业出版物总销售金额2003年为277.98亿元,2006年为311.15亿元;2006年增长率高达13.14%。大众出版物总销售金额2003年为116.33亿元,2006年为130.29亿元;2006年增长率高达10.88%。"[3]

7. 出版功能转型。即出版从内容提供向内容提供与信息服务等多种功能转型。传统的出版是向读者提供图书产品,给读者的服务仅仅体现在邮购图书等售后服务方面,没有更多的增值服务,这也是受出版技术限制的结果。互联网普及之后,出版社具备了直接给读者提供服务的条件。出版社根据读者和社会团体需求,积极建设读者服务网站,开发或合作出版数字出版产品,为读者提供一对一的服务。尤其是从事教育出版的专业社,更把教育服务作为出版发展的方向之一。

8. 出版技术转型。从历史上看,技术对出版业的重大贡献有四个:造纸术、印刷术、桌面排版技术、多媒体复合出版技术。后两项是数字技术和网络技术等新技术的应用,特别是第四项打破了出版、印刷和发行的界限,消除了作者和读者的隔膜,给出版业带来颠覆性的变化,在世界范围内,引发传统纸质出版向多媒体综合出版转型。新技术改变了读者传统的阅读方式。从 1999 年到 2005 年,中国传统图书阅读率持续走低,而数字化阅读人数持续增加(《第 22 次中国互联网络发展状况统计报告》)。"根据中国出版科学研究所的调查,国民上网率六年来增长了 6.5 倍,平均每年增长 39.96%。"[4]尤其是"2005 年以来,中国数字出版产业规模不断扩大,数字出版产业链日趋完善,数字出版观念正在形成,数字出版形态更加丰富。数字出版产业整体规模从 2002 年 15.9 亿人民币,到 2006 年已经达到了 200 亿人民币,五年间整个产值的增长超过了 10 倍,并将成为今后出版主流。"[5]中国的出版改革与技术转型交织进行。

9. 资本结构转型。2004 年 5 月,水利部长江水利委员会联合国内有关单位,以股份制形式组建长江出版社(武汉)有限公司,结束了出版社国有独资的历史。2007 年 12 月 21 日,辽宁出版传媒股份有限公司在上海证券交易所挂牌上市,这是我国传媒业采编与经营业务整体上市的第一家。辽宁出版传媒集团上市,意味着出版行业资本结构由国家独立投资向以国有资本为主导的股份化方向转型。

二、研究源起

本研究是针对现实问题而开展的应用性研究。处于战略转型时期的中国图书出版业,出现了诸多需要解决的新问题。这些问题有国家经济体制转型引起的,有科学技术发展波及的,也有图书出版行业本身改革发展不足造成的,而图书出版行业本身的问题是本研究的重点问题。中国实施改革开放政策以来,各行业有不同程度的发展变化,由于涉及意识形态,中国图书出版行业的改革遭遇到更多的困难和阻力,致使出版行业改革的深度、广度、速度远远落后于国家经济改革的总体进程。笔者选择与出版行业在改革开放前经济发展速度相近的制造业进行对比:自 1987 至 2002 年间,中国的制造行业基本完成了体制、机制改革,进入到与市场经济磨合的阶段,企业产权明晰、法人治理结构逐步完善;而中国图书出版行业仅实现了出版单位和出版品种量的扩张,出版社从 105 个发展到 568 个,图书产品从年 1.5 万种增加到 17 万种,增加 11.3 倍,但图书出版的管理方法、盈利手段仍是计划经济的模式,图书出版的效率和效益均十分低下,一些出版集团盈利能力不足 3%。

中国出版业整体性的改革源于 2002 年。2002 年 11 月,党的十六大召开,颁布了加快文化体制改革和文化产业发展的决定,从思想观念和实现路径上肯定了出版的产业化发展。自此,出版领域的改革在充分酝酿的基础上谨慎进行。初期的改革主要集中在政企分开、管办分离和事业单位转变为企业单位等方面,自 2003 年至 2007 年底,全国 570 余家图书出版社已有 100 多家由事业单位转为企业,预计到 2010 年底全部完成经营型出版单位的转制改革。但出现的问题是:出版社的体制虽然转变,但出版社的管理仍是计划经济时代的模式,出版社现有的管理方式不能适应转制后的市场化运作、产业化发展。

2007 年 12 月 28 日,我所在的河南出版集团由事业单位整体转为企业单位,更名为中原出版传媒投资控股集团有限公司。所属出版社同样面临出版体制改革后出版管理方式如何改变的问题。我在出版社和出版集团工作的经历,使我切身感受到现有出版管理方式的无序、低效、非市场化,认识到建立符合中国实际、符合出版规律、符合市场经济要求的管理方式,是中国图书出版业改革发展的关键问题,而图书出版项目管理研究是解决管理方式的途径之一。图书出版项目管理的方式已在国外得到认可,但由于国内外出版政策不同、市场化程度不同,国外的相关经验不能直接引用。中国出版业引用项目管理方式,必须经过全方位的研究比较后,根据我国出版行业实际建立符合国情的体系和机制。

中国对项目管理的认识和研究较晚,应用的行业更为有限。相比之下,美国的相关研究和应用成效显著。美国是全球最早研究和系统应用项目管理的国家,早在 20 世纪 40 年代研制原子弹的曼哈顿计划中就取得了成功。随后,美国项目管理协会 PMI 组织开展一系列研究,于1966年正式推出了项目管理知识体系(PMBOK)。

中国项目管理学术研究自20世纪90年代以后有了实质性的发展。可以从几个重要事件来证明:中国唯一跨行业的项目管理学术组织——中国(双法)项目管理研究委员会(PMRC)于1991年6月正式成立[6],这是中国第一个项目管理学术研究组织,自1991至2005组织了9次学术会议。1993年,我国开展了第一个项目管理重点课题"重大科技工程项目管理理论方法应用研究",是国内首次列题研究项目管理[7]。1995年9月,项目管理委员会首次组织召开项目管理国际学术会议,按项目管理理论、方法、应用和项目管理与计算机4个组进行了分组报告。2001年7月中国(双法)项目管理委员会正式推出《中国项目管理知识体系与国际项目管理专业资质认证标准》[8],标志着中国项目管理学科体系的成熟。2006年,国际项目管理协会理事会投票通过,第20届全球项目管理大会在上海召开[9],中国项目管理的研究与发展得到世界的瞩目。但中国的项目管理应用研究集中在大型工程建设和新兴的行业,研究、实践的范围比起国外十分有限。

在中国,图书出版项目管理研究自2000年起[10],主要局限在单品种出版物运作上,对于出版社整体实施项目管理,只有个别出版单位进行不同程度的探索,且进展十分缓慢,成效不大,出版行业的相关建设更是滞后。主要原因是:以往的做法被市场否定,新的实践又缺乏理论的指导,图书出版项目管理的研究严重落后于实践。

第二节　研究情况综述与主要概念界定

一、国外研究综述

国外图书出版对项目管理的运用和研究,可以分为三个阶段。

1970年以前为自发运用阶段。在这个阶段，虽没有提出图书出版项目管理的概念，也没有引用项目管理的工具和方法，但国外出版社在市场经济环境中，对图书出版实行单品种经营与核算，全方位追求单本图书效益的最大化，出版单位的组织结构、出版程序也自发围绕项目要求进行设置。这个时期的出版商也在实践中探索提高单品种图书效益的方法，研究成果主要是出版家对实践经验的总结。比如，1967由美国哥伦比亚大学出版社出版的《图书出版业实况》[11]，汇集了美国出版业有代表性的编辑、印制、发行专家的论文，他们从不同的角度总结在出版实践中的经验，提出提高出版效益的具体方法。鲍克公司1961年出版的《出版家谈出版业》[12]，汇编了从19世纪中叶的丹尼尔·麦克米伦到20世纪的本尼特·色尔弗期间的出版家论出版业的经典文章，对出版业的变化及发展做了深入的分析。还有麦克米伦公司1960年出版的《出版界真相》[13]，是英国出版业最成功的出版商之一昂文撰写的出版基础读物，对出版图书的实际操作有直接的指导作用。这一时期的出版家、出版商都十分关注出版的经济效益，努力寻找降低成本和提高收益的办法。像如何核算图书成本、如何合理管理时间、如何控制质量、如何测算印数、如何宣传发行等等，虽然没有把图书出版归结为项目运营，但他们总结的经验恰是项目管理中最主要的因素，也证明西方出版业在自发运用和研究项目管理。

　　从1970年至1999年是西方出版业开始自觉研究和运用项目管理的阶段。以美国小赫伯特·贝利撰写的《图书出版的艺术与科学》[14]为标志，西方的出版家和出版商开始引用项目、项目管理的概念并竭力探求出版中成本、进度、质量、效益之间的关系。在《图书出版的艺术与科学》中，小赫伯特·贝利在图书出版项目管理研究上有三项重要贡献：第一，明确指出"一部书是一个独立的经营项目"[15]，提出图书出版即项目的观点；第二，指出单本图书项目管理的关键，在于"恰当处理质量、进度、成本三个相互冲突的目标"[16]，这也是项目管理要实现的目标；第三，发现了出版

>>> 第一章 绪论 <<<

社单本书经营管理和出版社整体管理之间的关系,提出"出版好单本书必须有健全的组织和精明的宏观出版的支持才能实现"[17],引导出版商和出版研究人员关注单本书管理和出版社管理的区别和联系。这是西方专题研究图书出版管理的最早研究著作之一。美国《出版商周刊》曾在书评中把他誉为"出版经营管理方面不可缺少的研究著作"[18]。他提出的主要观点代表了这个阶段图书项目管理的成果。在这个时期,西方出版业在探索单本书项目管理规律和出版社整体管理规律上都取得一定进展,但还没有全面引用项目管理的方法。

2000年起,西方出版业进入全面引用项目管理方法、主动推动项目管理在出版业运用的阶段。当时西方出版业出现严重供大于求的局面,英国每年出版新书与修订版图书15万种,每月有超过100万册的图书化为纸浆。[19]供大于求的市场情况直接导致单品种出版物成本上升、利润下降,出版业的竞争加剧。在市场利润下滑的形势下,出版管理的精细化要求进一步提高,项目管理提供的方法引起了出版业的关注。促使出版业全面运用项目管理最为直接的事件是英国DK出版公司[20]的破产。2000年,DK出版公司因一个项目[21]判断失误被培生集团收购。DK出版公司破产使出版商认识到:出版过程的理性控制是遵循出版规律的保障,而项目管理的个性化操作能够给予项目个性发挥的空间。出版界开始研究理性的出版人在理性的环境中用理性的方法,提高出版的效率与效益问题,并冷静对待逐步升温的畅销书现象,指出"出版社不能依靠畅销书而成功,不能以畅销书为创收目标,而是要以整个出版过程控制为目标,以盈利为目的。畅销书只是个惊喜,不是出版社的灵魂。"[22]随后,经过四五年的研究和实践,英国图书出版项目管理已经进入到相对完善的阶段,出版社把个性化十足的项目变成按项目管理要求进行调研、决策、计划、实施、控制、收尾的规范操作并对每一个环节进行进一步的研究和细化。比如对出版风险的规避,已经深入到来源研究、方法研究并用于指导出单位进行项目的选择、市场的选择、作者的选择、制作的选择、价格的选择、印数的选择等。西方出版业项目管理的逐步完善还体现在项目经理人的出现。项目经理人出现后,各出版公司将重点放在出版流程的优化和控制上。出版流程控制以严格的流程表、详尽的检查清单、清晰的岗位职责描述、统一的处理方法等规章制度为基础,除不断完善出版流程外,给与项目经理在每个环节进行个性策划的空间,充分发挥项目经理的创意才华和组织能力。

英国图书项目管理的相关制度在西方发达国家最为详细、严格、全面。在项目管理运用的过程中,英国积累了更为丰富的经验。他们不仅把英国的文艺类图书卖到世界各地,形成先进的图书版权贸易机制,还通过《哈里·波特》系列图书[23]的成功运营,把图书销售的范围扩大到影视、游戏、玩具等多个领域,创造以一部书带动一个产业的神话,把图书项目的运营提升到产业运作的高度。

二、国内研究综述

国内出版界对图书出版项目管理的研究开始于2000年。2000年胡永旭公开发表论文,[24]首次提出在图书出版活动中运用项目管理的问题。而后,出版界围绕图书出版引进项目管理的必要性、图书出版活动引入项目管理的作用与优势、图书出版引入项目管理的时机、图书出版项目管理的内容进行了交流,研究了图书出版活动引进项目管理的可行性,得出这样的结论:图书出版活动本身即项目[25]。出版社每一本书的出版,都是一个小的项目,都应该并可以运用项目管理的理论和方法进行科学管理。既讲经济效益和社会效益、又讲效率的出版活动是非常适用项目管理的科学方法的。[26]虽然对引入时机有争议,但对引入项目管理的必要性、可行性看法一致,提出:图书出版的市场化程度逐年提高,图书出版的利润空间逐年减少,国内出版社长期沉积起来的种种弊端在危机和压力面前凸现起来。出版社的粗放管理也明显限制了出版社的发展,采用精细的、科学的管理方法是出版社发展的关键。[27]认为:引入项目管理能够提高出版社竞争力。[28]项目管理在明细预算和精细管理方面有得天独厚的优势,在出版业务中引入项目管理只是时间问题[29]。

国内的相关研究属于初级阶段,主要集中在单本书引用项目管理的问题上。在单本书出版活动引用项目管理的内容和过程研究上取得一定成果,但研究的深度不够,对图书出版实践指导也不够。存在的问题主要有:局限于研究图书出版具体项目的操作,缺乏出版单位整体实施图书出版项目管理的研究;局限于研究出版社图书出版流程的改善,缺乏图书出版项目管理与出版机制之间的关联分析;缺乏与图书出版项目管理配套的管理软件开发研究;对于在现行出版体制、机制下引用图书出版项目管理的困难、障碍、制约因素和应对措施研究不够;仅仅局限于出版环节的局部改进,对于引用项目管理提高整体管理水平研究不够;对于出版社引用项目管理的机制缺乏研究。

三、主要概念界定

1. 图书出版项目管理。对于图书出版项目管理的概念,业内有不同的认识。2003年,杨文轩作了比较清晰的阐述,他用"专业的方法和理论"把项目管理和其他管理和运作区分开。指出:项目管理是一门专业的管理手段,并不是我们通常所说的日常工作管理。需要运用专业的方法和理论,对项目涉及的全部工作进行有效的管理,与出版社日常的业务管理是有差别的。[30]作为一种管理手段,在国际上有许多认证机构,譬如美国项目管理学会PMI推出的项目管理人员PMP专业资格认证。

2. 图书出版管理过程。项目管理概念引入出版业前,单本书出版过程仅限于图书编辑和印刷阶段,即从出版社论证选题到印刷成书的管理,把图书的验收、移交、发行都归于项目后工作;[31]而后提出用项目管理涉及全程策划,将选题从市场调研……销售到宣传营销等整个流程的运作视为一个不可分割的整体,包括了营销发行的策划和管理。[32]

3. 图书出版项目管理的基本内容。图书出版项目管理的基本内容包括动态管理和静态管理两大部分。图书出版项目管理启动、计划、执行、控制、结束的过程,属于动态管理范围。[33]图书项目管理的静态知识领域包括:综合集成管理、范围管理、时间管理、费用管理、质量管理、人力资源管理、沟通管理、风险管理和采购管理九个方面。[34]

第三节 研究的主要内容、难点和创新之处

一、研究的主要内容

本研究的主要内容是提出完整的图书出版项目管理体系。本研究认为,图书出版项目管理体系应该分为微观、中观和宏观三个层面。第一个层面为在具体的图书出版活动中引入项目管理,即把一本书、一套书或系列产品作为一个项目,用项目管理的方法控制并平衡质量、成本、进度之间的关系,使项目在预算范围内按时、保质完成,达到精确控制出版过程、保证项目收益的目的。本研究把这个层面界定为微观(单项目)图书出版项目管理。研究微观(单项目)图书出版项目管理的重点是出版过程的控制与管理。第二个层面为在出版社管理中引入项目管理,即在出版社建立保证多项目完成的机制。本研究把这个层面界定为中观(出版社)图书出版项目管理。中观(出版社)图书出版项目管理是要建立出版社项目化管理的组织结构和工作机制。第三个层面为解决出版行业范围内涉及到的项目管理的相关问题。本研究把这个层面界定为宏观图书出版(出版行业建设)项目管理。宏观图书出版项目管理主要指图书出版行业项目管理相关问题。具体包含两个方面:第一个方面是在图书出版行业范围内,建立项目管理的资质认证体系;第二个方面是建立图书出版行业所必须的基础数据库。前者是中外图书出版行业提高项目管理水平需要做的共性工作,

后者是针对中国图书出版行业的特殊情况提出的一种解决问题的思路。

二、研究的难点和创新之处

把项目、项目管理与图书出版业改革发展的实际结合起来,将项目管理研究的成果运用到图书出版管理中,在西方发达国家较为普遍,但由于中外的政治、经济体制和文化产业环境不同,国外的成功经验不能直接引用,这是研究中遇到的最大难题。

在我国,研究图书出版项目管理还是一个前沿的课题,目前处于论证和探索阶段,缺乏可供借鉴的成果,这是本研究的难点,自然创新之处也在这里产生。本研究的创新之处在于首次提出了我国图书出版项目管理的框架体系。研究从分析图书出版项目管理的国内外情况出发,对比分析了国内图书出版项目管理的发生、发展环境和研究、实践的过程,提出建立符合中国实际情况的图书出版项目管理体系的观点,设计了图书出版项目管理体系的组成框架,通过分析研究对象的主体、客体,区分出图书出版项目管理微观、中观、宏观三个层次,界定了不同层次的研究任务、主要内容和途径。本研究在应用层面,结合项目管理理论,比较系统地提出一些具体的方法和工具。比如:在微观层面,设计了单项图书出版过程控制的方法和工具;在中观层面,围绕如何选择正确的项目和如何正确地管理多项目,提出了项目选择机制和工作机制,设计了出版社项目论证的原则、方式、程序、标准等,有很强的实践性和可操作性;在宏观层面,重点提出和研究了与项目管理相关的两项基础建设。

第四节 研究的理论支撑和思路

本研究的理论支撑是项目管理理论和出版管理理论。两者的关系如图 1-1 所示。

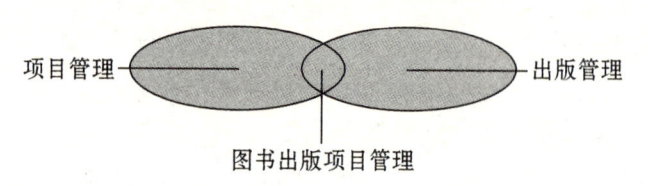

图 1-1　图书出版项目管理理论依据示意图

项目管理理论和出版管理理论是两个十分庞大的理论体系，研究的内容和涉及的领域十分广泛，而图书出版项目管理的范围相对具体，应用两种理论的内容是有限的，需要从繁杂的理论体系中提取出来。图书出版项目管理吸纳了项目管理和出版管理两大管理理论的相关内容，并不是两种理论的简单相加，而是两种理论的有机结合。其中，项目管理理论给予了新的理念、新的管理方法和工具，出版管理理论则保证这些理念、方法和工具，能够真正符合出版行业的客观规律。本研究的理论依据是在服从项目管理的理念、借鉴项目管理的方法，同时遵循出版管理的客观规律的基础上建立的。

　　总的研究思路是：从微观、中观、宏观的不同层面，分析图书出版实行项目管理研究的重点问题和进入路径。对于微观的单项目图书出版项目管理，核心在于如何用项目管理的方法和工具解决单本书（包括丛书或套书）出版过程的控制问题。路径是通过规划出版项目的生命周期，分解单项图书的出版过程，引用相关的项目管理工具，从而达到降低项目成本、提高项目效率的目的。对于出版社层面的项目管理，重点关注单项目目标与企业的战略目标如何统一的问题和多项目同时运作时如何解决冲突的问题。为此，分别研究了保证多项目又快又好运行的出版社项目管理组织结构机制、出版社科学的项目选择机制和项目化管理的工作机制。对于图书出版行业层面的项目管理，则着重研究在图书出版行业实施项目管理的两个基础性工作：建设基础数据库和进行资质认证。形成了图书出版项目管理研究体系的框架。相比以前的相关研究有一定的突破。

第五节　研究的特点和价值

一、研究的特点

1. 理论联系实际。本研究来源于出版行业的现实需要,目的是解决研究者单位面临的实际问题。把项目管理的理论与出版行业生产经营结合的过程,是项目管理行业化、具体化的过程。因而,研究者一方面用项目管理理论建构图书出版管理的理念、组织方式、人才培养模式,另一方面充实和发展着项目管理分支理论,为项目管理的广泛应用提供应用经验和内容。

2. 突出转型时期特色。中国出版业的转型时期是一个两种经济体制共存的特殊时期,有十分特殊的经济、体制、环境和改革创新的迫切要求。突出转型时期的特色,出现了一些与常态项目管理运作不同的情况,给研究造成一定的困难,同时也给研究创新提供了机会。本研究紧密结合转型时期的实际情况,切实为解决转型时期的实际问题和难题提供途径并能够积极推动转型的完成。

3. 强调研究的整体性和系统化。本研究构建图书出版项目管理体系,把图书出版项目管理的研究体系划分为三个层次,每个层次有不同的任务和方法,彼此又相互联系相辅相成,如此划分包含了研究的所有范围,变分散化的研究为整体性、系统性的研究,不仅理清了研究的思路,还能有针对性地指导实践。

二、研究的价值

本研究首次提出建立中国图书出版项目管理体系,并依据项目管理提供的通用方法,结合中国图书出版行业的实际,提出图书出版行业应用项目管理的内容、方法和路径,对于推进中国图书出版项目管理研究和提高图书出版管理的效益和效率都有十分重要的意义。同时,总结项目管理应用于具体行业的经验,为项目管理的广泛应用提供第一手资料,为其他行业运用项目管理提供参考。

第六节　研究的成果

本研究是在中国出版业整体转型、出版社体制改革全面展开、出版管理方式亟需跟进的背景下，应现实需要而开展的应用性研究。

2007年，笔者所在的河南出版集团由事业单位整体转为企业。在费尽周折完成转企手续之后发现，除了单位的性质和人员的身份更换以外，企业内部的管理方式并未改变，计划体制下事业单位的管理方式和企业管理经营的要求之间的冲突无法解决，出版社面临出版体制改革后出版管理方式如何跟进的问题。这既是研究者在工作中面临的实际问题，也是图书出版企业需要解决的共性问题。笔者本着从现实需要出发而解决现实问题的原则，进行了相关文献的搜集。查阅了1978年以来的主要出版类期刊中的研究文章，研读了相关书籍、浏览了部分专业网站，咨询和走访了辽宁出版集团、吉林出版集团、湖北长江出版集团、山西出版集团、甘肃读者出版集团等，还利用国际书展的机会了解俄罗斯、芬兰等国家的相关情况。分析了中外出版管理模式的特点，围绕寻求符合中国实际、符合出版规律、符合市场经济要求的管理方式，进行了历时3年的研究。本研究以项目管理理论和出版管理理论为支撑，在汇总目前项目管理有关知识体系和最新研究成果的基础上，以国外同行业和国内其他行业应用项目管理经验为借鉴，结合出版业项目管理的应用实践，再联系中国图书出版业转型时期的特点和规律，对中国图书出版项目管理现状、问题、对策、程序进行了多层次、全方位的研究。研究证明：项目管理最大限度地利用了内外资源，在企业经营中发挥着降低成本、提高效率的作用，越来越受到现代出版企业的重视。引进项目管理方式对于中国出版业来说不仅是完全有必要的，从总体上来说应该是有利的。

研究认为:把项目管理运用到图书出版行业是市场体制下出版社解决管理模式问题的现实选择。项目管理的对象是项目或可以当作项目的运作。作为一种管理手段,项目管理提供的是通用的原则和方法,具体到行业应用的问题,则需要结合行业的特点。并非所有行业都可以引用项目管理的方法,只有具有项目特征的行业才能运用。图书出版活动本身即项目,图书出版所要完成的出版计划、编辑印制、项目组织、进度控制、成本控制和质量管理五项基本任务,也是项目管理的最为关注的计划、组织、进度、成本和质量五项工作。图书出版具有鲜明的项目化特征,决定了出版行业适合应用项目管理的方法。不仅单项图书出版可以用项目管理的方法,出版社同样可以用项目管理的方法提高管理的效率和效益。出版社是组织多个图书项目同时实施的管理机构,为了保证出版资源的有效利用,出版社可以运用项目管理的方式,对传统的图书出版流程进行梳理和再造,重新调整组织机构和岗位设置,并通过使用项目管理的工具,提高出版社应对图书市场的快速反应能力,使得整个出版社管理更加适时、透明、高效,更加贴近市场。项目管理在明细预算和精细管理方面有得天独厚的优势,在出版社图书出版中引入项目管理是解决中国出版体制转变后、出版管理机制跟进的有效途径。

第七节 研究的发展趋势

自从有了自觉的人类活动,人们就开始了项目组织管理的实践,但对项目进行专项研究,并把研究成果用于实践则仅有几十年的历史。图书出版项目管理是比较新的研究课题,从正式提出至2009年不到40年的时间。而中国仅有10年的积累,研究的广度、深度都不够,还有很大的发展空间,有很大需要完善的领域和内容。根据国内外项目管理研究的发展状况结合图书出版业的实

际,笔者认为,图书出版项目管理研究有如下发展趋势:

一、向系统研究的方向发展

尽管项目管理有共性的理念和原则,有常用的方法和工具,有普遍适用的规律,但具体到不同的行业,又有不同的产品特征、运作特征、管理特征,有丰富多彩的特殊性。因此,项目管理运用到图书出版行业,需要针对图书出版行业的特点,开展更加深入、全面、系统的研究,取得结合行业特殊性的系统研究成果,指导图书出版行业更为有效地运用项目管理的成果。目前,国外出版行业开始委托或联合项目管理研究机构,专门研究本行业应用项目管理的问题,制定本行业项目管理的规范、本行业项目管理人员的培训要求和素质要求、本行业项目管理软件的开发和使用等等,呈现出向系统研究方向发展的趋势。国内图书出版项目管理的研究,目前处在把项目管理的理论、方法、工具直接用到管理过程的初级阶段。随着使用项目管理经验的积累和不断总结,一定会逐步进入图书出版项目管理独立化、个性化的系统研究阶段,形成完善的、独具出版行业特色的项目管理研究成果,充分发挥项目管理在出版行业的作用。

二、向分类研究的方向发展

图书出版按大类可以分为教育出版、大众出版、专业出版。不仅是出版物可以如此归类,更重要的是出版单位也向着三个方向分化,说明这种分类方法是出版规律本身的体现。图书出版单位的分类和分工是出版业发展自然形成的,国内外情况大体一样,以至于影响到出版研究的分类。国外的图书出版企业经历了市场竞争的淘汰,生存下来的是在某一领域有出版优势的企业,能够满足部分读者的需求和认可。即使是国家级的大出版集团,也同样遵循分类发展的规律,或在教育、或在大众、或在专业的某一领域持续发展。因此,国外的图书出版逐步按照读者的需求分为教育、大众和专业三大类,出版研究自然分为教育出版研究、专业出版研究和大众出版研究。虽然,国内的出版单位是按照地域设立的,每个省基本分为人民社、教育社、科技社、少儿社、文艺社、美术社、古籍社,但每个社的出版物基本是教育、大众、专业三个方向。这三类出版物从读者到出版营销过程都有不同的规律,引用项目管理时需要分别研究。

三、向企业个性化应用的方向发展

正如通用的项目管理方法不能直接应用于整个汽车行业一样,行业的项目管理方法也不适用于所有企业,因此,有实力的企业开始独立研究(或委托专业机构研究)本企业应用项目管理的规范和流程。国外的大型企业,比如,微软、朗讯、摩托罗拉、波音、IBM、通用都有自己的项目管理体系。中国的中石油、中石化、宝钢、一汽、中国移动、联通、网通、联想、华为、海信、天津天士力制药公司等大型企业,也开始培养自己的项目管理人才、开展本企业的项目管理研究。项目管理的企业化研究趋势已经呈现。同理,图书出版企业的发展状况不同,图书出版项目管理作为有普遍指导作用的研究成果还要结合具体出版企业的特性。出版企业应该在图书出版行业项目管理成果的指导下,研究积累企业自己的管理办法,未来图书出版项目管理研究的趋势是深入到具体企业。目前,中国的图书出版项目管理研究还处于分散化的萌芽阶段,但有些出版单位也同样开始了个性化的研究。如北方出版有限公司成立了自己的出版研究中心,广东出版集团、中原出版传媒集团公司也在研究项目管理在本企业的应用并推出各自的项目管理办法,独立探索项目管理的实际应用。出版企业个性化的项目管理研究,是项目管理在出版行业应用的发展方向,企业项目管理研究的发展还会促进行业整体发展水平的提高。

四、向个案研究的方向发展

个案研究作为社会科学研究中的一项基本方法,在过去近一百年的时间里发挥了重要作用。项目管理无论是理论研究还是实践论证都有个案研究的贡献,它不仅帮助研究者揭示特殊性与普遍性的关系等问题,还为研究者提供直接参与项目的机会,有助于减少研究者主观因素的影响。图书出版作为典型的项目,其研究发展不可缺少个案研究的推动,个案研究是图书出版项目管理重要的研究取向之一。目前,涉及图书出版项目管理的研究都离不开相关项目的分析和总结,但存在的问题是图书项目管理个案研究的步骤、内容、方法还不够健全,个案研究的评价、验证、推广还不够深入,个案研究的作用还远没有体现出来,这是研究中的不足,也是研究有待发展的地方。

五、向专项问题研究的方向发展

图书出版项目管理的研究必然涉及到共性的专项问题。比如:人员培训问题,针对图书经理人的职业培养,不仅包括学位教育的发展研究,还要包括非学历教育培训体系的建立;资质认证问题,包括出版单位资质认证和评估,图书出版项目经理资质认证及管理制度的建立;图书出版项目评价问题,包括图书出版项目评价的内容、标准、程序;图书出版项目管理软件的开发和使用等,均需要进行系统、深入的研究,才能更好地使用和推行。以项目管理软件为例,有数据表明,在美国项目管理人员中有90%左右的人已在不同程度上使用了项目管理软件,有面向计划与进度管理的,有基于网络环境信息共享的,有围绕时间、费用、质量三坐标控制的,有信息资源系统管理的等等。[35]图书出版项目管理软件的研究,是用先进的数字技术和互联网技术,对图书项目管理过程中产生的信息进行收集、储存、检索、分析和处理,提高项目生命期内的决策和沟通效能的过程,是现代图书出版项目管理研究的重要内容和发展方向。

当然,项目管理作为科学的管理方法有其优势和独特的作用,但我们并不否定其他管理方法在出版业中的运用。因为项目管理本身也汲取了多学科的营养,并在实践中发展和完善,它们之间也并不相互排斥。作为一个较新的研究课题,本书提出的一些观点难免有不当甚至错误之处,敬请专家及同仁批评指正。

注释：

[1] 王玉梅.新闻出版改革时间表路线图确定.中国新闻出版报. 2008-05-06.

[2] 周蔚华.盈利模式创新是出版转型面临的紧迫问题.中国图书商报.2008-07-25.

[3] 郝振省.2007-2008 中国数字出版产业年度报告.北京：中国书籍出版社,2008：10.

[4] 郝振省.2007-2008 中国数字出版产业年度报告.北京：中国书籍出版社,2008：8.

[5] 柳斌杰.引导阅读新趋势 推动出版大发展.中国新闻出版报.2008-08-30.

[6] 中国（双法）项目管理委员会.中国现代项目管理发展报告（2006）.北京：电子工业出版社,2006：20.

[7] 中国（双法）项目管理委员会.中国现代项目管理发展报告（2006）.北京：电子工业出版社,2006：20.

[8] 中国（双法）项目管理委员会.中国现代项目管理发展报告（2006）.北京：电子工业出版社,2006：20.

[9] 中国（双法）项目管理委员会.中国现代项目管理发展报告（2006）.北京：电子工业出版社,2006：21.

[10] 胡永旭.图书出版项目管理及其应用（一）.出版发行研究, 2000,10.

[11] What Happens in Book Publishing。

[12] Publishers on Publishing。

[13] The Truth about Publishing。

[14] The Art and Science of Book Publishing。

[15] 小赫伯特.贝利著,王益译.图书出版的艺术与科学.石家庄：河北教育出版社,2004：67.

[16] 小赫伯特.贝利著,王益译.图书出版的艺术与科学.石家庄：河北教育出版社,2004：227.

[17] 小赫伯特.贝利著,王益译.图书出版的艺术与科学.石家庄:河北教育出版社,2004:68.

[18] 小赫伯特.贝利著,王益译.图书出版的艺术与科学.石家庄:河北教育出版社,2004:226.

[19] 耿相新.英美出版文化行记.开封:河南大学出版社,2006:75.

[20] DK出版公司靠做图书包装起家,拥有英国最大的图片库。

[21] 为配合《星球大战》的第五集,DK出版公司决定出版发行1000万册彩色图书,结果在全世界仅销售几十万册,直接导致公司破产。

[22] 耿相新.英美出版文化行记.开封:河南大学出版社,2006:51.

[23] 英国女作家乔安妮·凯瑟琳·罗琳(Joanne Kathleen Rowling)创作的系列小说,由英国布鲁姆伯格出版社(BloomsburyPublishingPLC)出版,共有7本:《哈利·波特与魔法石》(1997)、《哈利·波特与密室》(1998)、《哈利·波特与阿兹卡班的囚徒》(1999)、《哈利·波特与火焰杯》(2000)、《哈利·波特与凤凰社》(2003)、《哈利·波特与"混血王子"》(2005)、《哈利·波特与死亡圣器》(2007)。《哈利·波特》系列被翻译成近70种语言,在全世界200多个国家累计销量达3.5亿册。《哈利·波特》改编成的电影也火遍了全世界,比如《哈利·波特与魔法石》,截至2008年11月2日,票房收入976,475,550美元,全球排名第5位。

[24] 胡永旭.图书出版项目管理及其应用(一).出版发行研究,2000,10.

[25] 赵学军.图书出版活动中亟须引入项目管理.编辑之友,2004,5.

[26] 汪萍.项目管理在出版活动中的应用.大学出版,2002,4.

[27] 赵学军.图书出版活动中亟须引入项目管理.编辑之友,

2004,5.

[28] 李坤. 引入项目管理理念提升出版社核心竞争力. 出版经济, 2003,3.

[29] 刘超. 出版社引入项目管理势在必行. 中华读书报. 2003 - 11 - 19.

[30] 杨文轩. 至少5年内项目管理无法风行. 中华读书报. 2003 - 11 - 19.

[31] 胡永旭. 图书出版项目管理及其应用(一). 出版发行研究, 2000,10.

[32] 胡元. 重点选题的全程策划应实施项目管理. 编辑之友, 2005,4.

[33] 陈云峰. 项目管理在出版业务中的运用. 科技与出版, 2001,5.

[34] 赵学军. 图书出版项目管理的主要内容. 中国出版, 2004,4.

[35] 中国项目管理研究委员会. 中国现代项目管理发展报告(2006). 北京:电子工业出版社, 2006:9.

第二章　项目管理及其对图书出版管理的影响

项目管理理论引入图书出版行业后,使自发应用项目管理的西方发达国家,由自发应用转向自觉研究和实践;对处在转型期的中国出版业,具有探索新的管理模式的特殊作用。本章阐述了图书出版项目管理研究的理论基础,同时也提出:在中国图书出版业引入项目管理的理论与方法,不仅是非常必要的,而且是迫在眉睫的。

第一节　项目管理的相关理论

一、项目

自从有了人类就有了有组织的活动,而有组织的活动逐步分化为两种类型:一类是连续不断、周而复始的活动,人们称之为运作(Operations);另一类是临时性、一次性的活动,人们称之为项目(Projects),如企业的技术改造活动、一项环保工程的实施等。[1]项目与运作的显著区别,可通过表 2.1 进行比较。

表 2.1 项目与运作的比较

项目	运作
唯一的	重复的
存在于一个有限时间	无限时间(理论上)
柔性的组织	刚性的组织
依靠人的创造性	依靠固定的规定动作
结果有风险性和不确定性	风险小
追求效果	追求效率

人们习惯上把一切任务、工作、活动都当作项目,这是一种惯性的错误。项目是人类有组织的活动,但不是所有有组织的活动都能够界定为项目,项目有特定的属性和特征。是否具有唯一性、暂时性,是项目与运作的根本区别。

项目是特殊的将被完成的有限任务,它是一个组织为实现既定的目标,在一定时间、人员和其他资源约束的条件下,所开展的满足一系列特定目标、有一定独特性的一次性活动。[2]从定义中可以看出,项目包括三层含义:项目是一项有待完成的任务,有特定的环境与要求;在一定组织结构内,利用有限的资源(包括人力、物力和财力等)在规定的时间内完成任务;任务要满足一定性能、质量、数量和技术指标等要求。项目有三个要素:范围、时间、成本。范围指项目的目标和任务,以及完成这些目标和任务所需的工作。时间指反映在项目日程中的完成项目所需的时间。成本指项目的预算,它取决于资源的结构,这些资源包括完成任务所需的人员、设备和材料。项目的三个要素中任何一个发生变化,会影响其他两个。这三个要素保证项目质量达到预期目标(项目三要素的关系如图2-1)。

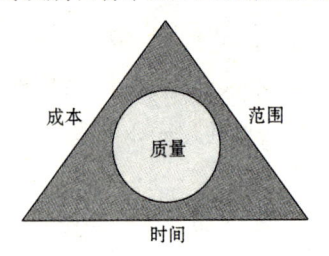

图2-1 项目三要素的关系图

项目是有组织的活动,但有组织的活动并不一定是项目。对照项目的定义和特征,我们可以提炼出项目管理所指的项目应该具有以下两个特征:

其一,有生命周期。项目是一次性的任务,有起点和终点,有明显的开始、结束标志,任何项目都会经历启动、开发、实施、结束这样的过程,这一过程称为项目的"生命周期"。[3]有了项目生命周期的概念,我们可以确定项目的范围,可以判定哪些行动包含在项目之内,哪些行动不属于项目的范围;还可以把项目的过程划分成不同的阶段进行研究,寻求不同的控制手段和方法。

其二,有利益相关者。项目的利益相关者又称项目干系人,是积极参与项目、其利益因项目的实施或完成而受到积极或消极影响的个人和组织,他们会利用各种方式对项目的目标和结果施加影响。[4]其中,项目的主要利益相关者包括项目经理、项目组、委托人、投资人、供应商等等。项目的利益相关者在项目的不同阶段有不同的责任,也有各自的利益。

二、项目管理

项目管理有两种含义:从管理理论的角度,项目管理(PMP)与工商管理(MBA)、公共管理(MPA)一起被称为管理界的三大管理模式,是一种管理学科。即以项目管理活动为研究对象的一门学科,是探求项目活动科学组织管理的理论,其父系是系统工程,母系是优选法,英文缩写 PMP(Project Management Program);从应用的角度,项目管理可以理解为,为实现一个目标,运用最科学的方法、在最短的时间里、付出最小的成本、达到最好的效果的一种标准化的科学思维、组织、决策方法。[5]它是一种运用既有规律又经济的方法对项目进行组织的规律过程,是指一种管理活动,是以项目为对象的系统管理方法。[6]前者是后者的基础,后者是前者的实践活动,两者的本质是一致的。本研究指的项目管理是后一种。

作为方法论的项目管理(Project Management),我们可以给一个这样的定义,即通过一个临时性的专门组织,对项目进行高效的计划、组织、指导和控制,以实现项目目标的过程。换言之,是运用既有规律又经济的方法对项目进行高效率的计划、组织、指导和控制并在时间、成本、技术和效果上达到预定目标。项目管理的日常活动通常围绕着项目计划、项目组织、质量管理、费用控制和进度控制五项基本任务来开展,五项基本任务贯穿于项目的整个生命周期。

根据这个定义,可以归纳出项目管理的内涵有七条:①项目管理的对象是项目或被当作项目来处理的任务;②项目管理的全过程都贯穿着系统工程的思想;③项目管理的组织是临时的、柔性的;④项目管理的体制是一种基于团队管理的责任制;⑤项目管理的方式是目标管理;⑥项目管理的要点是创造和保持一种使项目顺利完成的环境;⑦项目管理的方法、工具、手段具有先进性、开放性。

项目管理有以下三个方面的特性:

第一,规范性。规范的目的是在总结经验的基础上做到操作统一化、标准化。项目管理规范的是程序,有了规范的程序,整个过程的各个环节可以相互协调,形成统一的合力,提高管理绩效。

第二,专业性。与日常行政管理所说的管理不同,项目管理是一种专业的管理手段与方法,是围绕实现一个较短期的目标,而去计划、组织、协调各种资源的方法。项目管理应用的关键问题是项目管理运用到具体的行业后的再创造。对于不同的行业来说,项目的界定不一样,项目运行的方式不一样,项目管理就意味着不同的内容。

第三,唯一性。与运作不同,项目管理不具备可复制性和重复性。虽然,项目管理提供了一套规范的操作程序,这种程序的操作是既定的,但具体项目的内容又是不同的,项目管理只有与具体项目内容相结合,才能谈到应用。因此,对每一个具体的项目进行管理的过程,是独一无二的、唯一的,具有创新性和一次性。创新管理是在每个项目实施过程中,针对项目的具体情况去做前人、别人没有做到的事,以达到项目个性化目标的具体过程管理。

世界上第一个成功运用项目管理的案例是美国研制原子弹的曼哈顿工程。运用项目管理方法不仅提高了整个工程的效率,而且还节省了大量开支,让世界管理界认识到项目管理的效用。中国第一个成功运用项目管理的案例是20世纪80年代云南鲁布革水电站的建设工程。这个项目的成功实施,使中国人看到了管理中蕴藏的巨大效益。[7] 目前,项目管理在建筑、航天、IT业的运用十分普遍且效果显著;在科研部门仅限于立项,由于不能确定结束时间很难有效控制进程;而在传统的、流水线型生产的制造业,没有用武之地。由此我们推论:并非所有行业都可以引用项目管理的方法,只有具有项目特征的行业才能够运用。

三、项目管理的知识体系

项目管理知识体系PMBOK[8]的概念是在项目管理学科和专业发展进程中,由美国项目管理协会PMI[9]于1966年提出的。PMBOK总结了项目管理实践中具有共性的经验并形成"标准"的理论、方法、工具和技术,也包括一些富有创造性的新知识,指项目管理专业领域中知识的总和。中国项目管理知识体系的研究工作始于1993年,是由项目管理研究委员会[10]组织实施的。研究会1996年加入了国际项目管理协会,成为成员国组织之一,致力于推进我国项目管理学科建设和项目管理专业化,推进我国项目管理与国际项目管理专业领域的交流与合作。研究会于 2001 年 5 月推出《中国项目管理知识体系》并于 2006 年进行了完善。中国项目管理知识体系 2006(C-PMBOK2006[11])是在充分认可美国项目管理学会的成果并博采众长的基础上形成的,是目前我国项目管理最新、最权威的知识体系,为我国项目管理实践应用提供指导。

C-PMBOK2006 的基本组成单元是知识模块,是按项目管理过程和项目管理职能领域等线索来组织项目管理知识体系的知识模块。C-PMBOK2006 把项目管理按过程分为四个阶段[12],包括了项目管理的五个基本过程[13],按重要程度分为两类[14],从管理的职能划分为九个知识领域[15],每个知识领域包括数量不等的常用的方法和工具。项目管理的方法运用到长期的组织比如企业中,又形成项目化管理方法、项目化管理组织、项目化管理机制和项目化管理流程。中国项目管理知识体系 C-PMBOK2006,突出项目管理方式的程序化、动态化、体系化、可视化特征;运用项目管理优化组合、动态管理的手段;应用项目管理的五个过程、九大知识体系和一系列的方法、工具,对项目的论证、范围、进度、费用、质量、销售提供理论和方法的支撑。

四、项目管理理论的发展

自 20 世纪 50 年代末、60 年代初以来,学术界与各有关专业人士在项目管理理论的研究上取得两个方面的进展。

一方面是各领域的专家们探讨本学科在项目管理中有无用武之地,如何将本学科领域的专业理论、方法应用于项目管理。例如将计算机、控制论、模糊数学等等成果引入项目管理。[16]

另一方面则是各行各业的专家们探讨如何把项目管理的理论、方法应用到本行业中去。如建筑业、农业、军事工业以及近几年呼声很高的 IT 行业等等。[17]见图 2-2。

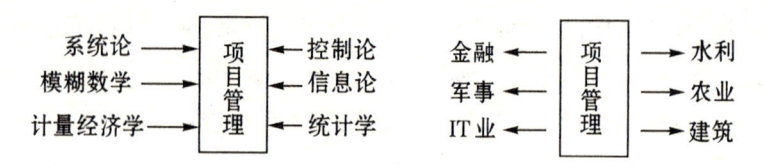

```
系统论  →  ┌──────┐  ← 控制论         金融 →  ┌──────┐  → 水利
模糊数学 → │ 项目 │  ← 信息论         军事 →  │ 项目 │  → 农业
计量经济学→ │ 管理 │  ← 统计学         IT业 → │ 管理 │  → 建筑
            └──────┘                           └──────┘
```

图2-2 项目管理双向发展图

项目管理理论两方面发展的作用不同,前者是不断补充项目管理学科的内容,完善项目管理的理论;后者是逐步推进项目管理的应用,把项目管理的理论与不同行业的特点相结合,形成行业项目管理理论,更好地指导实践。目前,国家级的项目管理研究机构和专业的项目管理研究人员还很少,基本上从事前一个层次的研究,行业项目管理研究非常有限,仅仅限于建筑、航空航天及电子等行业,还需要大力推进。

第二节 项目管理导入对国内外出版管理的影响

一、项目管理导入前国内外出版管理的差异

出版作为一种产业不能脱离社会政治、经济体制的束缚。由于国内外社会政治、经济体制的不同,其出版体制、运作机制、管理政策都有很大不同。

首先是出版单位准入的制度不同。国外出版社实行登记制。只要按照企业登记的要求办理相关登记手续,任何人都可以成立出版公司。出版人甚至可以为出版一本书而登记成立出版公司,图书出版结束后公司随之解散。整个出版业准入的门槛很低,企业完全依靠在市场中的表现生存和发展。中国实行审批制。出版单位的设立由中华人民共和国新闻出版总署审批,出版署对出版的范围要进行界定,还必须有符合要求的主管、主办单位,不允许个人申请设立出版社。

其次是出版单位性质不同。国外出版单位完全企业化,出版

产业完全商品化,出版物融入商品经济,出版社在公司法的制约下围绕赢利而出版,按照赢利情况决策、分配,按照赢利情况与书店分成,按照赢利情况增减人员,公司用人制度灵活,发行市场比较规范。政府不对企业进行特殊限制和干预,行业管理和协调主要依靠出版行业协会。国内实行的是事业性质、企业管理,国家不拨资金,企业自收自支,国家设新闻出版总署、各省市设立新闻出版局,负责业务管理。事业转为企业后,出版单位业务由各省市新闻出版局监管,领导人员由各省宣传部门垂直管理。

第三,运作模式不同。在项目管理没有正式进入出版业以前,国外出版业虽然没有全面运用项目管理的工具和方法,但一直以每个出版项目为管理对象,实行单品种经营与核算,整个出版单位的机构设置、出版程序都自然顺应了项目运营的要求,可以说是自发应用项目管理的阶段。而国内出版业更多地是按照事业单位的组织结构、管理模式进行生产,出版社更倾向于对部门和人员的管理而不是对产品的管理。

二、项目管理导入对国内外出版业的作用

项目管理理论来源于项目管理方法,对项目管理方法的系统总结构成项目管理理论。项目管理方法的积累始于1917年,美国人亨利·甘特发明了著名的甘特图,使项目经理按日历制作任务图表,有效指导日常工作安排;1957年,杜邦公司在生产过程中提出关键路径法;1958年,在北极星导弹设计中,总结出计划评审技术;20世纪60年代著名的阿波罗登月计划,完善了网络计划技术……这些方法发挥的作用引起了管理学界的重视,美国、欧洲相继成立专业的项目管理研究组织,总结了项目管理的原则和方法,推动项目管理的研究向专业化发展,最终发展为以项目为对象的系统管理方法并推广使用到不同的行业。项目管理从最初的国防、航天领域迅速发展到电子、通信、计算机、软件开发、建筑业、制药业、金融业等,引发社会各界对项目管理的高度关注。出版社应社会要求翻译和组织出版了大批相关书籍,同时也联想到项目管理与图书出版业的关系。

一个行业是否适合运用项目管理与行业特点、发展状况有密切的关系。虽然图书出版行业是典型的项目化行业，但由于国内外图书出版的发展并不同步，项目管理应用到图书出版的研究和实践在国内外的发展并不相同。西方发达国家的图书出版行业形成之初即是市场化的经营活动，形成了"以客户为中心"、"以目标为导向"、"以计划为基础"的出版理念，这也正是项目管理的核心理念。因此，如前所述，国外图书出版业项目管理自发运用和主动研究得较早，应用于图书出版活动十分顺利。特别是进入21世纪以后，出版社普遍采取项目管理方式：由一个非常优秀的策划编辑（或责任编辑）作为项目经理，负责出版、营销全程策划实施，相关的技术编辑、市场编辑来协助他工作，这与成熟的市场环境和规范的发行体系及出版体制有关。目前在西方发达国家，图书出版业项目管理的应用已十分普及并大大提高了管理的运作效率和效益。

国内图书出版项目管理研究和运用经历了个人发现、行业关注到实践的过程，研究和实践都进行得缓慢而艰难。从胡永旭2000年发表《图书出版项目管理及其应用》[18]的系列文章，首次公开提出图书出版项目管理概念，至2002年底的相关论文多以定性为主。围绕单品种图书出版项目管理概念、图书出版活动应用项目管理的可行性和必要性、图书出版活动项目管理的内容、图书出版项目管理的应用前景等进行了不同程度的阐述。这些论文基本是作者个性化的思考和论述，有些观点相同，有些观点相反，有些观点相近但角度不同。这个阶段的成果体现在：较多论述了图书出版活动引用项目管理必要性、图书项目经理、图书项目成本预算、图书项目进度控制等内容，属于研究的初级阶段。

2003年至2006年，中国出版业开始了大规模由事业单位转向企业单位的体制改革。为适应新的体制，有人将目光投向图书出版项目管理研究。关注项目管理的出版人不仅有编辑、中层管理者,还有部分目光超前的出版社领导和出版集团的业务管理人员。决策层的思考推进了项目管理的应用问题研究,一些有远见的出版单位进行了积极的实践。这表明图书出版项目管理的概念已经开始引起出版业的关注,出版经营者从管理方式的角度寻求新的企业管理机制。刊登此类文章最多的《出版发行研究》杂志,2006年以前将文章放在理论探索栏目,之后放在改革论坛中,也从一个侧面反映出由理论走向实践的趋势。

在中国,图书出版项目管理研究由个人认识到出版业关注,到出版单位大胆实践不足十年。经过十年的探讨、论证、实践取得一定成果,为我们提供了宝贵的思想、观点、方法和经验,但研究进度比较缓慢,缺乏系统的研究成果。

第三节 中国图书出版业应用项目管理的实践

我国出版业对项目管理的认识是一个由浅入深、由表及里的过程。出版社应用项目管理的实践也是一个逐步发展的过程。不同发展时期的出版社根据各自的实际情况还有一些"本土化"的演变。虽然正式提出图书项目管理的概念是在2000年,但在此之前,出版业进行的体制、机制改革促使出版社对内部管理进行调整,其中一些措施包含有项目管理的理念。

我国出版业逐渐意识到图书项目的成败与企业生存发展之间的关系。很多出版社将项目开发与企业发展战略紧密结合,不但在内部实施,从单个项目开始尝试,而且逐步演化成为出版社整体管理的重要组成部分。[19]

一、编印发一条龙

新中国成立以后,我国出版业实行完全计划经济。出版社只管编辑图书,待印刷后交给新华书店销售,出版、印刷、发行是完全分离的三个环节,图书滞销完全由书店承担,出版社只管生产不问经营。

　　改革开放之初,国民学知识、学文化的热情空前高涨,对图书的需求十分迫切,但图书无论是出版还是发行,都不能满足国民的需求,"买书难"的呼声越来越强烈。实行了30年的"出版社管出版、新华书店包发行"的体制,既不能调动出版社的积极性,又制约新华书店的活力。为此,文化部于1982年提出图书发行体制根本改革的目标是:在全国组成一个以国营新华书店为主体,多种经济成分、多条流通渠道、多种购销形式,减少流转环节的图书发行网,即"一主三多一少"。多种经济成分就是允许集体经济和私营经济成分参与图书发行,多种流通渠道主要是支持出版社自办发行,多种购销形式就是推广寄销和试销。这次改革一方面打破了新华书店对图书发行权特别是批发权的垄断,另一方面出版社在一定程度上把图书的印数权、总发行权收回到出版社。即出版社可以自定价格、印数,也可以自己发行自己出版的图书,但新华书店滞销的图书可以无条件退给出版社,书店只管提取已销图书的利润,把经营的压力由新华书店向出版社转移。自此,出版社不仅要考虑图书出版更要考虑市场发行问题。

　　20世纪80年代,出版社开始实行"编印发一条龙"。即把图书编辑、印制、发行的情况统一由责任编辑全盘考虑和负责。当时的目的仅限于打破出版社编印发各环节相互割裂的僵局,具有统一规划、系统负责的特点,但由于责任编辑难以承担市场调研和整体策划的职责,出版社的职能部门承担了相关的工作,后期出现了编辑与发行、个人分配与出版社分配不平衡等矛盾,未取得预期的效果。"编印发一条龙"具有把出版活动作为整体考虑的意识,包含有一些项目管理从系统出发的理念,自然顺应了图书出版活动本身即项目的客观要求,把编辑、印制、发行作为一个整体,综合考虑出版活动的成本,强调出版的效率和效益,是从计划经济模式向市场化经营迈出的关键一步。但"编印发一条龙"的运作方式所需要的组织结构没有改变,也没有培养出项目管理人的队伍,更没有相应的考核奖励办法,不能成为持续发展的机制。

二、策划人制度或称项目负责人制

1984年6月,文化部出版局在哈尔滨召开了全国地方出版社工作会议。会议提出:要学会用经济杠杆,推动精神生产。适当扩大出版单位自主权,以提高出版单位经营的主动性。"十条"[20]加"一条"[21],其基本精神对出版单位都是适用的。书店和书刊印刷厂都是企业单位,绝大部分出版社现在是事业单位,实行企业管理,都要做到奖励基金、福利基金的提取同利润挂钩。要使出版社由单纯的生产型逐步转变为生产经营型。这一改革措施的实行,使出版社逐渐由生产导向型向市场导向型转变。哈尔滨地方出版社工作会议还提出:出版社编辑部应当建立联系奖惩的考核制度。要实行岗位责任制,要规定先进合理的定额,超额奖励;同时实行若干以提高图书质量为主要考核内容的单项奖。

20世纪80年代后期,我国一些出版社为了提高单品种图书的生产效益和效率,提出建立以图书项目为管理对象,以策划编辑为主导的项目负责人制。其做法是从编辑中选拔既熟悉编辑流程又具有市场经营意识的编辑做策划编辑,把出版社的编辑分成策划编辑(也称策划人)和文字编辑两种。策划人行使项目负责人的职责,对图书出版、发行的全过程,包括选题、组稿、编辑、装帧设计、宣传、发行等工作统筹规划,提出整体实施方案,经社务会论证同意后负责实施,出版社根据图书销售情况对策划人员提成计奖。策划人制度是项目负责人制的一种,是通过出版社对策划人进行与出版效益挂钩的考核奖励,激发策划人的主动积极性,从而提高出版效益的改革举措。

南开大学出版社较早实行项目负责人制。社长张世甲曾总结说,项目负责人制就是由编辑提出项目申请,交由出版社审查,出版社进行充分论证通过后,该编辑即成为此项目的负责人,对项目的编辑、出版、营销等各环节都起主导作用,并按销售利润取得经济回报。这一举措符合现代出版以市场为导向的要求,使出版体制从以前的以作者为中心转化为以策划人为中心,使编辑由被动地在家等稿子走向主动地策划组织稿子,充分调动了他们的积极性,促使他们最终成长为能独当一面的领军人物。

北京邮电大学出版社社长严潮斌介绍,该社实行"策划人制度"取得成效,"策划人制度"对出版社品牌建设很有帮助。具体来说,是由策划编辑担任学科领域细分门类责任人,专职策划某一门类的图书。比如,把大IT概念下的图书分为计算机、自动化、电子通信等门类,分别有一位策划编辑负责进行专职策划。由于关注方向明确,可以把本领域的图书做深做透,有利于品牌图书的形成。人大出版社经过一系列的摸索和实践后,取消了原有的按专业划分的编辑室,建立选题策划部和书稿审读部,实现策划编辑与文字编辑既分工又配合的运行机制。采取以选题策划为龙头的出版流程,每一种书都作为一个项目由专人负责。项目经过申请、论证、审批等程序,由出版社立项后,项目负责人即在图书的编辑、出版、营销各个环节中起主导作用。在运作中享有相应的责权利,既可以自主使用项目启动经费,也可以聘用临时人员。实行项目负责制后,项目负责人一方面要关注学科发展、学术动态,一方面要主动适应市场,主观能动性得到充分发挥,使全社的选题策划实现了主动性、超前性、整体性和科学性的有机结合。

2002年前后,不少出版社都设立了策划编辑的岗位,如河南大学出版社、郑州大学出版社等,采取策划编辑与文字编辑分开的办法,拥有本社独立的策划人。为提高策划编辑的积极性,出版社在图书发行一年后进行算账,策划本人和出版社按一定比例分成,以后每年兑现一次,策划人的收入与图书经营情况息息相关。由于策划人的利益与出版项目的市场情况紧密相连,他们不仅关心出版过程还关注项目成本和市场发行情况,使出版和发行的环节有了共同的目标。

项目负责人制在2004年前为众多的出版社所用。它的积极作用在于制定了项目负责人并有一些考核奖励政策,极大地调动了编辑的积极性。不仅出版了一批双效图书,还培养了一批懂业务擅经营的复合型人才,建立了培养图书项目经理的途径,使决策和经营合理分离,出版社领导更注重宏观决策,经营权下移给项目负责人或策划人。这一批人对项目的市场情况、项目实施的可行性、风险规避、投资回报、资源配置、营销宣传、市场销售、售后服务等全面负责,分担了出版社的投资风险并可以成长为真正意义上的图书项目经理。项目负责人制责权明确、赏罚分明,有助于出版社加强管理、提高效率。

三、项目负责制

项目负责制是在项目负责人制的基础上,经过不断完善形成的更为全面的责任制度。它不仅规定了项目负责人的产生、项目负责人的责权利,还规定了出版社相关部门为保证项目顺利实施应尽的职责,明确了职能部门负责人与项目负责人之间的关系。按照项目负责制的要求,各职能部门的目标是为项目顺利完成提供条件和保障,职能部门负责人要协助项目负责人完成相关工作。

广东科技出版社2007年4月启动项目负责制并颁布了实施方案,把项目运作的流程进行了细化并明确了考核奖励标准:项目负责人全程策划、全程监督,项目负责人按照项目责任书的条款和策划方案的设计完成项目运作,核算后按约定的条件兑现奖励。项目组成员的奖励由项目负责人发放。参与项目制运作的其他部门人员,根据项目制完成后的业绩,兑现相应的奖励。

接力出版社设在北京的组稿中心实行的也是项目负责制。社长李元君要求相关人员负责从组稿到发行的全程策划。组稿中心按社里总体发展规划进行组稿,仅用几年时间就形成在全国有影响的图书品牌和成系列的图书。

华艺出版社运用项目负责制运作了一批畅销书。尝到甜头的社长金丽红介绍说,项目负责制就是在图书出版的全过程,包括选题、组稿、编辑、装帧设计、宣传、发行均由项目组协调负责,出版社根据图书销售情况对项目组人员提成计奖。

清华大学出版社李家强社长认为：在各部门独立核算的基础上，为发挥团队优势，针对一些大型项目、综合项目，可以搞项目负责制。因书立项，集中各部门力量，协调各学科人才，采取灵活机制，对于一些大项目来说是很有必要的。

厦门大学出版社总编辑陈福郎总结了作为一个小社实行项目负责制的方法：出版社的编辑作为项目负责人，从选题策划到效益落实实行全程负责。其中的部分文字编辑工作以社会化的办法解决。在编辑部门设立发行助理岗位，负责定向发行工作，使编辑工作与发行工作有机地结合在一起。

外语教育与研究出版社的管理模式，是在具有完整经营理念的前提下，形成特色编辑室，一个编辑室就是一个项目组，出版社通过对项目管理来协调各编辑室的工作。

……

项目负责制把项目的责任者由项目负责人扩大到项目组，把出版社的人员组合成项目中的利益相关者，负责人只是项目组的主要代表。项目负责制更为科学地定位了项目中责权利的划分，比项目负责人制又有进步。但没有建立多项目协调的机制，同时运作的项目常常因进度、人员、营销等发生冲突。

四、项目管理制

图书出版项目管理制是把项目管理方法主动运用到出版的过程中，在出版社机构调整、人力资源配置、财务核算、劳动制度、分配方式、信息管理、组织结构、出版流程等方面按项目管理的要求进行规范。相比项目负责制，其最大发展是应用了项目管理的理论和方法，但还不是很系统。

目前在中国出版业，一些出版社实际处在项目管理制的时期，是逐步向项目管理发展的阶段，还存在不少问题和困难。在刚开始推行项目管理制时，会出现项目部与职能部门职责不明、项目经理与部门主任冲突的情况。这些矛盾可以采用多种方法解决。接力出版社摸索的做法是,选题二审和行政工作服从部门主任领导,但在其他环节的操作上,项目经理制订方案,部门主任有责任帮助项目经理实施。

河南出版集团2006年出台了《河南出版集团2006年试行项目管理的意见》,对项目管理实施程序进行了规范并在集团重大项目管理中使用,但由于管理软件开发和使用滞后,出版社层次没有全面推广,属于单本书项目管理的实践。

高等教育出版社从2002年10月开始了ERP[22](企业资源计划)系统的开发和使用,为项目管理的实施打下了良好的基础。高教社是国内出版社中第一个通过实施ERP,从更新项目管理软件入手,在出版社整体实施项目管理的。该社采用了德国SAP公司[23]的mySAP[24]管理信息系统,由全球五大咨询公司之一的PWC公司[25]作为实施此系统的咨询公司。SAP经过7个月的努力,建成了该社基于mySAP的管理信息系统并于2003年5月开始成功上线使用。一期工程顺利投入使用,使用情况良好,二期工程正加紧调试。这个过程,就是一个标准的出版社项目管理的具体案例。这个项目成功的因素有很多,但严格按照项目管理的方法去规范,即打破出版社按机构设置进行资源配制的方法,改为按项目进行资源配置,是项目实施成功的重要保证。

基于以上分析以及笔者对目前一些出版社的了解,项目管理在中国图书出版业进展缓慢,主要有四个方面的原因。

第一,人才缺乏。这个人才指有项目管理知识的复合型人才。国内图书出版业的人员学历结构普遍单一。出版社的编辑大多数是中文、哲学、历史专业或理工科出身,对市场、管理方面的知识涉及很少,更少参加项目管理的知识培训。知识结构不健全,很难承担项目经理的职责。

第二,团队合作精神不够。项目管理实际上是团队管理,类似许多跨国公司事业部制,需要各方面的充分配合才能实施。而传统的出版社管理基本上采取的是职能制,编、印、发分工负责,整个运作根据不同环节被切分为几大块，长期以来形成了相互推诿、相互指责的局面，对项目管理工程的实施影响颇大。

第三，领导对项目管理认识不够。项目管理作为20世纪90年代才发展起来的新领域，已成为现代管理学的重要分支。但是，由于语义理解问题，许多出版社的领导理解过于简单化，因此在实施过程中显得过于随意。

第四，缺乏应用软件的支持。我国1991年成立项目管理研究委员会，致力于项目管理知识体系的建立和推广。项目管理在具体行业中的运用则十分薄弱，主要运用在IT业、建筑业。图书出版业的独特生产流程和营销方式，决定了管理内容的独特性，不能直接引用其他行业现成模式，其管理软件的开发与运用相对落后。

项目管理在国内发展的时间尚短，结合具体行业的应用则更为有限，目前还没有被出版业广泛应用。但先行的出版社同样取得了可喜的成绩。接力出版社从2002年开始实施项目管理制，有效地咬合了出版的各个环节。他们把流程长线切为5段，5段同时启动，生产效率大大提高。一种同样的图书原来至少需要3个月才能完成，现在只需要1~2个月就能够完成。2002年，发货码洋是5400万，2005年就达到了1.467亿。青岛出版社从2002年成立第一个项目组，开始实施项目管理制，到2007年，青岛出版社整个教育板块销售收入比项目制开始实施的2002年增长130%。实践证明，项目管理制给出版社带来显著的成效。在市场竞争充分展开之后，项目管理在明细预算和精细管理方面的优势，必然会提升出版社整体竞争力。这种机制能最有效地调动出版社人员的积极性，最优化地配置出版资源并通过加强科学管理提高工作效率。在图书出版业中全面引入只是个时间问题。

项目管理制是出版业战略转型时期在机制创新上的一项措施、一个体现。标志着出版业由注重内容生产，向生产与经营并重、宏观运营与微观运营并重的转变。这是青岛出版社社长助理贾庆鹏对项目管理制的总结。从这段总结中可以看出：项目管理制不只是单个的出版活动的运作,而是放在出版机制创新的背景下,上升到出版社管理模式层次的成果。

第四节 中国图书出版业实施项目管理的困难

自1978年改革开放以来,中国处于计划经济向市场经济转型的特殊时期,中国出版业也是在不断探索和不断创新的改革中发展,出现了既不是完全计划经济也不是成熟市场经济的环境,与项目管理的完全市场化环境要求不尽一致,这些都增加了实施项目管理的难度。

一、出版事业与出版产业混合交织

在中国,出版事业和出版产业是相互关联的不同范畴,虽然都以出版为内容,但性质、目标、方式、策略都各不相同。我国的出版行业正处在体制改革、事业与企业分离的发展阶段上,两者还不能完全分离,出版产业生产力的发展仍然面临着诸多体制性障碍和制度性缺陷。在这种环境中,图书出版项目管理仍然与行政管理相互胶合和混淆,诞生、生长在出版事业和出版产业混合与分离的状态中并涉及众多的层面和关系。要理清经济管理、企业管理、行政管理、事业管理的关系,需要认真分析图书出版项目管理环境,否则会严重影响出版产业的发展。

二、出版产业改革发展困难重重

中国市场经济建设还正在进行,还没有从根本上摆脱计划经济体制的影响。出版业在此环境中进行改革遇到很多阻力,计划经济时代的"按核定范围出书"与市场经济时代的"按市场需要出书"的矛盾依然存在,改革力度和速度滞后于其他产业。出版单位延续传统管理模式,市场化程度低,靠教材、靠政策垄断生存,其产品结构、利润结构不合理,劳动人事制度、奖励分配制度以及晋升制度还应进一步深化。因出版社的区域性分布所导致的机构重复、分工雷同、出版物总量比例失衡、产业集中度低的现状亟待改变。由于条块分割、地方保护、行业垄断等原因,教材、教辅出版的无序竞争所造成的腐败和资源浪费、效率低下等问题还比较突出。出版企业建立和完善现代企业制度和现代产权制度的任务还十分艰巨。

三、出版管理环境具有特殊性

中国特有的图书审批制和书号管理制度形成特殊的管理环境。国内图书出版归属于意识形态的管理范围,国家新闻出版总署有严格的审批制度。一本图书从选题立项开始,出版社就要将书名、内容简介、作者、字数、定价、装帧、读者对象、预计印数等按规定上报行政管理部门,管理部门审批后配发书号(一书一号)。如有涉外、宗教、民族、历史人物等内容,审批程序更为复杂,需要进行重大选题备案和审读。[26]因此,在图书项目的运作中,项目的可行性研究、范围管理和风险管理要考虑审批的要求和程序。

自2000年出版单位开始由事业转向企业的体制改革,制约图书出版项目管理发展的因素,正随着出版产业化发展和体制变革逐步得到改善。出版产业性质的改变,是这种有利环境形成的重要条件,但由于在此领域中实践和研究都处于初级阶段,而转型期的特殊环境不适宜引进国外现有的研究和实践成果,更需要建立符合我们自己实际情况的研究体系,为企业的发展提供及时指导和服务。

出版行业主动研究和运用项目管理的时间很短,许多认识和观念是个人总结和局部探索的结果,是十分个性化的。有些认识相互之间甚至是矛盾的、相反的、冲突的,很难达到共识,影响了图书出版项目管理的研究的发展,亟需构建相关的研究框架,明确研究范围、对象、任务、方法、目标等,逐步推进研究取得成果。

第五节 中国图书出版业实施项目管理的迫切性

图书出版适合项目管理是不用质疑的。虽然,中国出版业实施项目管理存在一定困难,但还必须往前推进,因为图书出版环节本身也迫切需要项目管理相关方法的支持。

一、项目论证的需要

图书出版项目的论证有很大的综合性和复杂性。图书出版项目要获得成功,不仅要符合图书出版本身的内容、编校、印制质量要求,还要满足作者的要求、读者的需要、社会的导向。站在出版社的立场上衡量,则要达到社会效益、经济效益双丰收的目的,同时与出版社发展的战略和长期目标相吻合,以强化企业的核心竞争力。因此,不同于建筑等行业的项目,图书出版项目需要进行更深入的调研,甚至多次论证,综合各方面的因素并对市场有一定的预期,要求论证的程序、方法科学、严谨、独特。

二、项目策划的需要

图书出版项目的策划包含技术因素和能力因素。图书出版作为项目可以引用项目管理的技术工具,但由于图书出版包含的知识性和艺术性,其计划、实施的过程需要有相应的策划成分,需要在充满激情和智慧的状态中工作,仅有技术工具远远不够,需要项目关系人有相关的能力,需要对项目成员的素质有相应的研究和明确的要求。

三、项目创新的需要

图书出版项目管理需要有充分激发项目成员创造性的激励机制。图书出版项目管理的过程既是一个执行计划的过程,也是一个再创造的过程。每一本图书产品都有自己的知识产权,都具有不可重复性、不可替代性、不可再生性。图书出版是内容产业、创意产业,创意是灵魂,创意人才是关键,能够激励创意人才不断成长进步是项目管理可持续发展的根本。因此,需要有高效的激励机制,不仅激发项目成员的工作积极性,更能激发成员的创造性,能够将出版单位外的优秀人才吸引过来,为项目服务。

四、项目服务的需要

图书出版项目管理的服务占有越来越大的比重。图书出版项目管理过程中包含一系列对读者的服务。比如:了解读者的需求,介绍图书出版情况以帮助读者选择,为读者提供方便的购买方式,帮助读者进一步了解相关书的出版情况,帮助读者和作者取得联系等。再比如:为教师提供教学参考书,同时还帮助教师学习教学的方法,进行教师培训;为学生提供教辅,同时还为学生提供题库,帮助学生练习和巩固知识等。

五、规避风险的需要

图书出版项目管理的过程控制和结果有一定的分离性。图书出版项目管理的结果不是在产品完成时体现的,而是要经过市场和读者认可方能检验。图书成品的编校质量、印制水平可以衡量,可以在管理过程中进行控制,但最终效果却是消费者的评价。这种评价有很多不确定因素,而且一旦图书出版,结果具有不可修改性,因此有较大的风险。图书出版采用项目管理,可以较大限度地规避风险,使出版尽可能达到理想的结果。

注释：

[1] 中国项目管理研究委员会.中国项目管理知识体系与国际项目管理专业资质认证标准.北京:机械工业出版社,2002:11.

[2] 白思俊.现代项目管理概论.北京:电子工业出版社,2006:26.

[3] 中国(双法)项目管理研究委员会.中国项目管理知识体系(C-PMBOK2006)北京:电子工业出版社,2006:26.

[4] 白思俊.现代项目管理概论.北京:电子工业出版社,2006:32.

[5] 邓云燕.出版业项目管理在"约束"中达成目标.中国新闻出版报.2007-06-26.

[6] 白思俊.现代项目管理概论.北京:电子工业出版社,2006:34.

[7] 邓云燕.出版业项目管理在"约束"中达成目标.中国新闻出版报.2007-06-26。

[8] 全称为 Project Management Body of Knowledge，简称为 PM-BOK。

[9] 全称为 Project Management Institution，简称 PMI。

[10] 由中国优选法统筹法与经济数学研究会于1991年组成。

[11] 全称为 Chinese Project Mangement Body Of Knowledge。

[12] 概念阶段、开发阶段、实施阶段、结束阶段。

[13] 启动过程、计划过程、执行过程、控制过程、结束过程。

[14] 主要过程和辅助过程。

[15] 集成管理、范围管理、时间管理、成本管理、质量管理、人力资源管理、沟通管理、风险管理和采购管理。

[16] 白思俊.现代项目管理概论.北京:电子工业出版社,2006:4.

[17] 白思俊.现代项目管理概论.北京:电子工业出版社,2006:4.

[18] 胡永旭.图书出版项目管理及其应用(一).出版发行研究,2000,10.

[19] 邓云燕.出版业项目管理在"约束"中达成目标.中国新闻出版报.2007-06-26.

[20]《扩大国营工业企业自主权的暂行规定》共有十条内容,简称

十条。

[21] 这一条的内容是,在国营企业中逐步实行厂长、经理负责制。

[22] ERP 是英文 Enterprise Resourse Planning 的缩写,中文意思是企业资源规划。ERP 将企业内部所有资源整合在一起,对采购、生产、成本、库存、分销、运输、财务、人力资源进行规划,从而达到最佳资源组合,取得最佳效益。

[23] SAP 成立于 1972 年,总部位于德国沃尔多夫市,是全球最大的企业管理和协同化电子商务解决方案供应商、全球第三大独立软件供应商。世界 500 强中 80% 以上的公司都在使用 SAP 的管理解决方案。

[24] 由 SAP 公司推出,能使客户、合作伙伴、供应商和员工随时随地顺利进行业务交易的电子商务平台。其特有的开放性和灵活性,能支持大多数主要供应商的数据库、应用软件、操作系统及硬件。mySAP.com 电子商务平台能使企业及时地获取市场信息,快速地把握新的商机并最大限度减少业务成本。

[25] 全球知名的咨询公司,全称为:Pricewaterhouse Coopers,中文名称为:普华永道咨询业务公司。

[26]《图书、期刊、音像制品、电子出版物重大选题备案办法》第三条的规定。

第三章　图书出版项目管理体系的建构

　　要把项目管理理论很好地运用到图书出版领域,就必须首先建立起图书出版项目管理体系。本章在建立图书出版项目管理体系可行性分析的基础上,阐述了图书出版项目管理体系的理论依据和基本原则,通过引用项目管理原理、方法、工具,研究分析图书出版项目管理的内容结构和组成框架。

第一节　图书出版项目管理的可行性分析

一、图书出版是典型的项目

　　把图书出版活动的特点和项目的特征进行对比,可以发现,它们之间有很多的内在联系(表3.1)。

表3.1　图书出版活动项目化特征分析表

图书出版活动特点	项目化特征
图书的内容、作者、设计不同	唯一性
出版时间有限	存在于一个有限的时期
每本书有特定的出版计划	按照特定的计划进行
出版活动过程不断出现变化	处于非均衡状态
每本书的出版资源配置不同	多变的资源需求
参与出版活动人员是临时的	柔性的组织
追求社会、经济效益最大化	追求效果
力求达到出版战略要求	以达到目标、目的为宗旨
读者接受程度不可预测	结果有风险性和不确定性

从分析表中可以看出:图书出版活动有确切的开始、结束时间,有明确的出版计划,整个出版活动具有不可逆转的一次性特征;虽然图书出版的过程基本相同,但图书的内容、设计、读者对象、营销方法等又各不相同,具有唯一性;图书出版活动需花费的时间、人力、物力可以通过资源配置人为控制,有可控性;图书出版活动具备项目所要求的目标明确性、唯一性、实施的一次性、可控性和结果的不可逆转性。对照项目的定义和特征,就会发现其与项目概念十分吻合。从中可以得出这样的结论:图书出版活动本身即项目。

不仅单本书的出版是典型的项目,丛书[1]、套书[2]的出版活动,如系列教材的出版,也是一个典型的项目。如系列教材的出版即是一个系列项目。它包括整体策划、组稿会、教材编写、编辑加工、出版、发行及反馈等一系列需要统筹考虑的活动。完全符合项目的定义和特征,可以看作一个项目。其中的单本书看作若干子项目,或者看作一个项目,由不同的项目组成员分别负责。这只是操作层面的问题,不影响定性的归属问题。实施项目管理仍可对过程的启动阶段、计划阶段、执行阶段、控制阶段、结束阶段的各部分工作进行细分和管理。同样，一次以合作出版图书为目的的出版活动，也可运用项目管理的方法进行管理。对于合作出版图书的甲乙双方而言，仅多了签订合作协议的程序。在协议中，可明确该合作将运用项目管理的方法，对拟合作出版的图书书名、字数、投向市场日期、所需资金、各自承担的责任及义务、利润分成、双方的项目负责人及参与人等进行明确的规定。除此之外，对每一种具体图书的出版，还可以进行具体而细微的管理。这样做的目的，在于规范甲乙双方的行为，使这种利润共享、风险共担的合作能最大限度地降低风险，增加利润，产生双赢的结局。进行项目管理，亦可使合作的双方避免不必要的纠纷。

总之，图书出版活动是典型的项目，不论是单本书、系列书还是合作图书的出版活动都属于项目的范畴。

二、图书出版适用项目管理的方法

图书出版活动小到一本书，大到一套书，都是项目的范畴，都可以作为项目进行精确的管理，即用项目管理方法对出版过程的启动阶段、计划阶段、执行阶段、控制阶段、结束阶段的各部分工作进行细分，充分考虑到各种因素对每一阶段的影响及作用并针对每一具体任务，确定所需资源及主从人员，将责任落实到具体人头上。有了周密的安排，可以确保项目的每一步实施都能达到预期的成果。在项目管理的相关书中，有人曾提到用项目管理方法出版图书，例如：建议使用"关键路径法"计算出版一本书的最佳出版周期，用项目质量管理中的工具对图书差错率评估等。

出版社出版图书并非难事，难的是在"约束"的范围内达成目标，即在不突破出书时间、不突破出书成本、不突破最低差错率的约束情况下实现出版目标。出版活动追求的是效益最大化而不是"目标"本身，这也正是项目管理方法所能追求的目标。从项目管理的特征、图书出版业务的要求分析可以看出，既讲经济效益和社会效益、又讲效率的图书出版活动非常适用项目管理的方法。

三、图书出版项目管理是专业管理

图书出版项目管理不是我们通常所说的日常工作管理,而是一门专业的管理方法,需要运用专业的理论,对项目涉及的全部工作进行有效组织。项目管理提供的是通用的原则和方法,具体到出版行业则需要结合行业的特点去实施。运用到图书出版行业,就要与其出版流程、人员配置、成本控制、分配制度相结合,有特殊的含义和内容,是一种基于项目管理基础上的行业管理模式。作为一种管理模式,它区别于日常管理工作。"工作管理"和"项目管理"是两个不同的概念。这一点在许多进行项目管理尝试的出版社那里还很模糊,许多人简单地将二者等同起来看待。通过二者的比较,我们也许能真正理解项目管理的含义。

第一,工作管理也许只是在从事一项工作,负责整个出版环节的一个结点;而项目管理则是全面负责一个系统工程,涉及到选题策划、市场评估、内容编辑、策划设计、行销企划以及后期的结果评估等方方面面。

第二,项目管理是专业管理,需要运用专业的方法和理论,对项目涉及的全部工作进行有效管理。作为一种管理手段,在国际上有许多认证机构,譬如美国项目管理学会 PMI 推出的项目管理人员 PMP 专业资格认证。

工作管理和项目管理不是一个概念。前者是从事协调、组织工作的称呼,是一些具体的工作,后者是涉及组织结构、业务流程、岗位设置等内容的管理手段和方法,能使水平与直线组织的各项活动更易沟通和协调,来保证各个环节的互相协作,使得整个出版社管理更加适时、透明、高效,更加贴近市场。

第二节 建立图书出版项目管理体系的理论依据

图书出版项目管理体系建立的理论依据主要有两个:项目管

理理论和出版管理理论。

一、项目管理理论的基本内容

1. 以客户为中心。以客户为中心是现代营销学的核心理念，也是项目管理理念与传统管理理念的本质区别。传统管理理念"以产品为中心"，把客户视为自己产品的使用者，我生产什么你就用什么，客户仅仅出现在市场销售环节，在企业生产经营管理过程中几乎可以忽略不计。在项目管理理论中，"客户"是企业资产的组成部分，和现金、厂房、设备、股票一样是企业的生产要素，存在于生产的组合、生产的过程与生产的结果中，是企业管理的重要环节。企业从满足客户（顾客）需求到争取和留住顾客，从追求顾客的满意度到追求顾客的忠诚度，从注重顾客的消费到追求顾客的终身价值，逐步形成一整套全面完善的服务理念和服务体系。"以客户为中心"的管理理念包含的核心内容：①企业将关注的重点由产品转向客户的需求；②企业把更快、更好地预测、满足客户多变的需求和期望作为追求的宗旨；③企业管理从仅注重内部业务的管理转向注重"业务—客户"关系的管理；④企业将实现客户价值作为绩效衡量和评价的标准。"以客户为中心"就是以"客户的需求"为中心，即把"客户"当作企业的一种资源，看作企业生存与发展的基础，不断地挖掘客户的价值，不断地完善客户服务体系，让客户成为企业的资源与利润的来源。

2. 以目标为导向。项目管理最主要的方法应该是"目标管理方法"。它的精髓是"以目标指导行动"。目标是项目管理的出发点与归宿。目标形成是项目开始，目标实现即项目结束。项目管理的过程是围绕如何实现目标进行的管理活动的总和。资源的配置、人员的选择、管理工具的使用，全部取决于实现目标的要求。"以目标为导向"的管理理念包含的核心内容：①明确目标是项目管理的第一要务；②企业目标和产品目标既有联系又有区别，如何把企业的战略目标与企业的产品目标有机统一，是企业管理的难点和重点；③目标是一个多元化的复合体，不是单一的指标，需要综合考量;④企业发展是目标实现的结果。

3. 以计划为基础。项目管理的过程是履行和验证计划的过程,计划是项目管理的时间表、路线图。"以计划为基础"的管理理念包含的核心内容:①计划是项目管理的基本手段;②项目管理的方法集中体现在项目计划的过程中,在项目进度、成本、质量等计划中均有具体的方法指导,计划的科学性和可行性决定了项目管理的效能;③项目计划相当于项目实施的虚拟过程,过程十分详细和全面,其详细程度超越以往管理中计划的含义;④项目计划的质量与项目管理的质量有很高的关联度,项目管理者的主要职能不是监督项目的实施,而是制定合理、完善、科学的项目计划。

4. 以系统观念为基本管理思想。项目管理的全过程始终渗透着系统论的思想,项目管理是依据系统论"整体—分解—综合"的基本原理,把项目分解成众多小的工作任务,由项目责任者按照工作要求一步步完成,再在所有任务完成的基础上综合成最终的目标。以系统观念为基本管理思想包含的核心内容:①项目是一个完整的系统,每个环节、每个部分都会对整体效果产生影响;②项目管理强调部分对整体的重要性,要求项目管理者高度重视每一个阶段的工作,避免局部失败造成整体项目失败;③项目控制贯穿整个实施过程,对于每一个阶段或者分解的工作,需要有相应的完成标准,每个阶段工作的完成质量,直接影响整体项目的效果;④项目中的因素是互相联系的,一个因素变化必然引起其他因素的变化,比如,项目范围发生变化,项目的成本、项目的进度必然变化,项目管理者需要综合把握。

目前,国际上比较有代表性的项目管理知识体系版本有美国项目管理学会 PMI[3] 开发的《项目管理知识体系指南》PMBOK[4]、英国项目管理协会 APM[5] 开发的《项目管理知识体系》APM - BOK[6] 和国际项目管理协会 IPMA[7] 开发的《IPMA 能力标准》ICB[8],这些版本本质上没有太多的差异,只是在知识范畴的界定、知识单元的分解上有所不同。

表 3.2　三种有代表性的项目管理知识体系学科要素对照表

学科要素	PMI-PMBOK2004	APM-BOK4.0	IPMA-ICB3.0
知识范畴	普遍接受的项目管理知识	普遍接受的项目管理知识和一般管理知识	普遍接受的项目管理知识和一般管理知识
知识领域	九大知识领域： 集成管理 范围管理 时间管理 费用管理 质量管理 人力资源管理 沟通管理 风险管理 采购管理 五个过程领域： 启动 计划 执行 控制 收尾	七大知识领域： 概述 战略 控制 技术 商务 组织 人员	三大知识领域： 技术能力 行为能力 环境能力
知识单元	44个过程	37个单元	46个要素
知识主题	在各过程的输入、工具与技术和输出项列出相关主题	在各单元列出相关主题	在各要素下列出相关主题

来源：中国（双法）项目管理研究委员会.中国项目管理知识体系（C-PMBOK 2006）.北京：电子工业出版社，2006：7.

这三种知识体系在世界范围内应用相对广泛的是美国项目管理学会（PMI）开发《项目管理知识体系指南》，它也是中国项目管理知识体系建立的依据。目前，中国项目管理知识体系已经发展到 2006 版，其主要特点有三个：

第一,C-PMBOK2006 以项目管理的五大核心过程为主线组织知识,反映了项目实现目标的过程,有利于把握项目管理的重要内容,呈现了项目自始至终其主要管理活动在时序上的逻辑,指导管理者从项目整体的角度对项目进行控制,体现了项目管理作为使用性学科的特点,突出了对实践的指导作用。

第二,C-PMBOK2006 围绕"项目管理领域"组织知识模块,是出于两个方面的需要:一是建立与国际普遍接受的项目管理领域之间的对应关系,实现与国际接轨;二是将跨项目生命周期的知识内容按管理职能领域进行有序组织,作为对项目过程管理知识的必要补充,保证 C-PMBOK2006 知识体系的完整性。

第三,结合中国项目管理发展的实际。C-PMBOK2006 加强了项目概念阶段的内容,承接了我国计划经济时代注重前期论证的合理因素,同时顺应了项目管理重心前移的发展要求,提高项目成功的机会。

C-PMBOK2006 项目管理的知识体系主要内容见图 3-1。

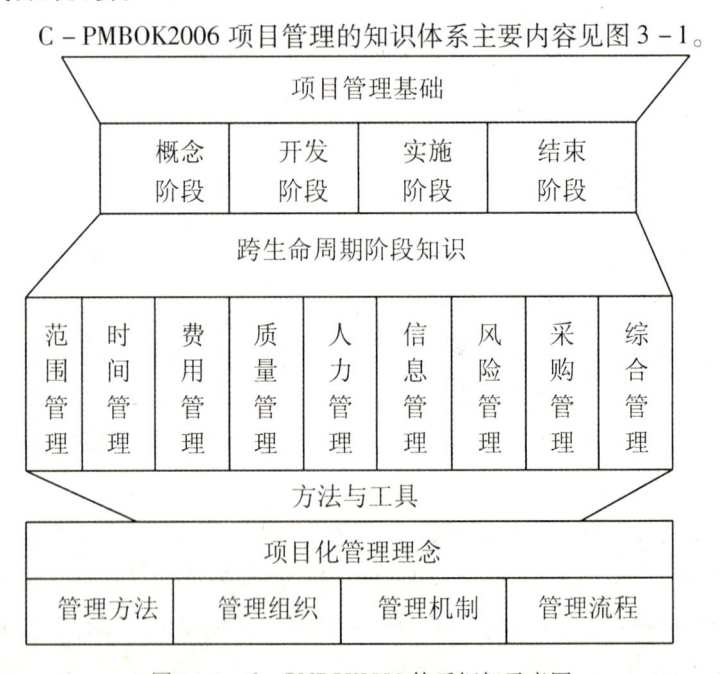

项目管理基础				
	概念阶段	开发阶段	实施阶段	结束阶段
跨生命周期阶段知识				
范围管理	时间管理	费用管理	质量管理	人力管理	信息管理	风险管理	采购管理	综合管理
方法与工具				
项目化管理理念				
管理方法	管理组织	管理机制	管理流程

图 3-1 C-PMBOK2006 体系框架示意图

来源:中国(双法)项目管理研究委员会.中国项目管理知识体系(C-PMBOK 2006).北京:电子工业出版社,2006:14.

C-PMBOK2006把项目管理内容按项目周期分为概念阶段、开发阶段、实施阶段、结束阶段,按项目管理的基本过程分为启动过程、计划过程、执行过程、控制过程、结束过程五个过程,按管理的职能划分为集成(综合)管理、范围管理、时间管理、成本管理、质量管理、人力资源(人力)管理、沟通(信息)管理、风险管理和采购管理九个知识领域,每个知识领域包括数量不等的项目管理过程。如果放在多项目的企业管理中,又有一套系列的方法和工具,包括管理方法、组织结构、管理机制、管理流程,为企业项目化管理提供理论支撑。

C-PMBOK2006是在总结实践的基础上,凝炼出项目管理的指导思想,进而结合研究对象的特性,形成解决问题的方法体系。

二、出版理论的主要内容

项目管理的知识体系在应用时,与具体行业管理体系在内容上是交叉的,这说明项目管理的知识体系必须和该专业的知识与实践相结合。这些都符合学科发展的一般规律。出版行业有自身的内在规律和现实的环境条件,在产业发展中必须考虑行业的特性和国家的实际情况。由于出版行业从事的既是物质产品又是精神产品的生产,国家对出版产业的发展有特殊的要求和政策。因此,出版理论的主要内容有以下几点:

图书产品的双重属性[9]。图书产品既不等同于精神产品,更不能视为一般物质产品,而是介乎于精神产品与物质产品之间的一种产品形式,具有精神产品与物质产品的双重性质。作为物质产品,图书出版要考虑投入、产出和成本核算,要注重产品的物质材料的选择,重视商业化、流行性因素,追求经济效果;作为精神产品,图书出版的核心是要有创新性内容,要满足人们日益增长的精神文化需求,要具有能够影响人们精神世界和指导实践活动的社会效果,通过传播、宣传、教育、娱乐等功能,担负起精神文明建设的责任。当然,图书产品的物质产品形式,是其精神产品内容的载体,而精神产品的性质才是图书产品的决定性本质。图书产品的双重属性决定了出版产业及图书出版项目管理的特殊性。

出版产业的双效[10]统一原则。图书既有商品属性又有社会属性,物质产品与精神产品的双重属性,决定了出版产业不仅要追求经济效益,还应该把产品的社会效益作为开拓市场、生存发展的主要动力,创出自己的社会影响力,这是图书出版的生命力之所在。双效兼顾是出版产业的最大特点,出版产业的发展既要符合市场规律,还要符合社会发展的要求,具有双重的责任和目标。

图书生产和文化创造的结合。图书作为物品是一个物质生产的过程,但其内容却是文化创造和文化积累的过程,是人类文明成果的总结、整理、选择、优化的过程,承担着记载历史、传承文明和服务教育的作用。出版产业不仅仅是生产图书这种物品,更重要的是创造文化,是通过培育和创造文化消费需求,满足人们的精神需要。

生产和服务的结合。出版产业通过有形的书籍和无形的服务满足广大消费者的需求。在图书产品比较匮乏的时期,服务的作用一度被忽视。图书进入买方市场以后,出版服务作为销售工作的一部分越来越被消费者重视。随着出版产业的不断升级和发展,出版业提供的服务成为竞争中十分重要的因素。有专家预测,出版业正由内容制造商[11]向内容集成商[12]、进而向内容服务商[13]转型。

出版产业与其他产业的共生性[14]和共融性[15]。出版产业与其他行业有着密切的关系。分析原因:第一,是出版面对的读者形形色色,他们的工作遍布各行各业,出版业通过这些读者与其他行业产生千丝万缕的联系。第二,出版行业借助其他行业提供的工具促进自身的发展。比如印刷业、传播业、新媒体等,都与出版业的发展有着十分密切的关系。出版产业是依靠相关产业的技术更新进行升级的,比如数字技术和互联网技术催生了数字出版,创造了电子书、手机小说等新型出版物。第三,出版直接为其他行业的发展和人才培养提供智力支持;同时,其他行业的繁荣、衰退也直接影响人们对书籍的需求。

图书出版项目管理体系是在两大理论基础上,经过"化学反应"产生的新管理思想和管理模式,随着研究与实践的深入和发展,该体系将会不断得以完善。

第三节 建立图书出版项目管理体系的基本原则

中国研究项目管理的时间较短,应用的行业较少,其中,工程建设行业是较早、也是较成功应用项目管理的。其成功的经验对于符合项目特征的图书出版行业,具有很好的示范作用。中国工程建设行业自1982年"鲁布革工程"[16]进行国际招标开始,经历了项目管理的引进学习、试点研究、总结推广、完善规范以及与国际接轨的发展阶段。总结建设工程行业应用项目管理的经验,可以为构建图书出版项目管理体系提供借鉴。第一,要分析、研究、学习国外的经验,揭示图书出版项目管理的客观规律。第二,要结合中国社会的实际,分析具体实施的环境和条件。第三,图书出版项目管理不同于建筑项目管理、军事项目管理、科研项目管理等,它有自己独特的研究内容、实践经历和发展规律。为提高管理的有效性,必须结合行业特点进行有针对性的研究与实践。第四,明确研究体系的目标、任务、内容、方法和途径,保证研究的正确方向。第五,建立图书出版项目管理标准并坚持在实践中验证修订。

建立图书出版项目管理体系应贯彻以下原则:

1. 突出中国特色的原则。项目管理除了具有自然属性外,还具有社会属性,与国家的政治、经济、文化的发展有密切的联系。具有中国特色的社会主义市场经济是一个特殊的体制,图书出版业在逐步转型的过程中，必定会有计划经济和市场经济的交织，既不能完全采用计划经济的手段，又不能照搬市场经济的做法，需要在研究这种特殊性的基础上，实事求是地进行分析和决策。

2. 突出行业特色的原则。项目管理在行业的应用及多元化的发展必然产生行业项目管理的新要求，涉及到出版行业更是错综复杂。图书出版业不仅有出版行业的特殊属性，而且有中国出版改革的特殊要求，需要全面研究和考量。

3. 完整性原则。项目管理是一种技术性强、系统性要求高的管理方式，项目管理的应用涉及到整个行业的标准化，需要统筹兼顾、统一规划。图书出版项目管理要最大限度地吸纳项目管理所特有的知识，以适应项目管理学科发展及知识更新的需要。

4. 开放性原则。项目管理的开放性有两方面的内涵：一是从产业生存发展的高度，重视行业国际化发展的要求；二是从促进企业发展的角度，强调在项目实施过程中的创新，在解决项目管理新问题的同时，积累新的知识、方法、机制等。

5. 指导性原则。虽然项目管理的规范，在各国不断地具体化，但没有一套项目管理体系可以适合所有的行业；同样，项目管理不断向各个行业深入，仍然没有一套项目管理体系可以适合所有的企业。行业整体层次的项目管理体系，充分反映项目管理许可领域的最新成果，突出的是对企业及大型项目运作的指导。未来项目管理在应用发展中，企业将由企业项目管理工作人员和项目管理研究人员共同建立自己的项目管理体系。

第四节　图书出版项目管理内容结构分析

一、图书出版项目分类依据

对项目进行分类时，其目的不同就会有不同的分类原则。项目按大类分，可以分成工程和非工程；按性质分，可以分成研制、引进、技术改造、风险投资、产品开发、组织活动等;按行业分,可以分成建筑、农业、制造业、金融业、纺织业、出版业等。

在项目管理理论中,按项目管理的对象,分为单项目管理、多项目管理。两者既相区别又相联系。区别主要体现在:单项目管理是针对一个项目活动进行最有效的组织。它研究的对象是项目完整过程中各个阶段的管理内容、管理方法、管理流程,重点是项目在各个阶段的操作程序、控制方法、评价指标。多项目管理也被称作企业项目管理或项目化管理,是在一个组织内对同时进行的多个项目活动进行最有效的组织。它研究的对象是如何处理好诸多项目之间的关系,如何保证通过项目来实现组织的战略,重点是改变传统的面向职能的组织管理方式,构建面向多项目的组织管理体系。两者的联系体现在同一个企业中,多项目由单项目组成,而单项目资源配置等活动离不开企业在多项目之间的平衡。

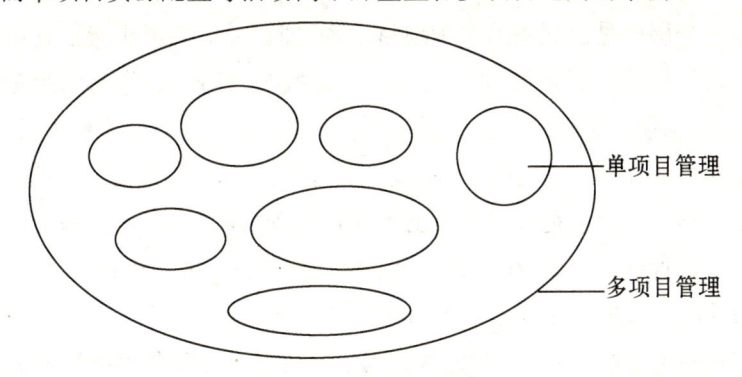

图 3-2 项目分类图

随着项目管理研究的深入,人们注意到,还有一些项目是跨企业进行的,由多个企业、甚至整个行业中的企业共同参与。跨企业的项目同样可以分为跨企业单项目和跨企业多项目两种。管理的主要问题是如何建立管理规范和如何优化项目所处的环境,重点是在项目导向型的环境中维护组织联盟与组织安全,保障跨企业项目的顺利完成。

从参与企业数量和管理项目数量分析,图书项目和一般项目的分类一样,在同一个出版社运作的项目可以分为单项图书出版项目和多项图书出版项目。多家出版社参与的项目可以分为两种,一种是多家出版社合作完成的单项目;另一种是与所有出版社相关的行业建设项目,这种项目往往涉及多项内容,属于跨企业的多项目。

二、图书出版项目管理体系的构成框架

在出版行业,出版社是基本的出版单位,出版社内的单项目管理和多项目管理是图书项目管理的主要内容。另外,出版行业的规范和发展,需要用项目管理的相关标准来保证完成,这也是图书出版项目管理体系不可缺少的部分。至于多个出版社合作的单项目,在实际工作中很少,通常有一个出版社作为组织者,采用与其他出版社签署协议的办法规范合作关系,本质可以归于单项目管理的范畴。因此,出版行业应用项目管理体系可以分为三个层面:第一个层面是微观图书出版项目管理,即在单品图书出版活动中引入项目管理的理论,把一本书、一套书或系列产品作为一个项目,运用项目管理的方法控制并平衡质量、成本、进度之间的关系,使项目在预算范围内按时、保质完成,并能精确核算项目的收益情况。第二个层面是中观图书出版项目管理,即在出版社管理中引入项目管理的理论,在出版社建立保证多项目完成的机制,保持出版社的中长期目标与单品图书项目目标有密切的关联性。第三是宏观图书出版项目管理,即在出版行业范围内,思考改进管理方法、优化管理秩序、提高行业管理水平的问题。单项图书出版项目管理是项目负责人对项目过程的管理;中观图书出版项目管理是出版社对多项目进行的协调管理,包括出版社战略规划、工作机制以及支持这些战略、机制的组织结构等;宏观图书出版项目管理,是国家新闻出版总署、出版行业协会等组织出版行业共同参与的项目管理资质认证体系等建设。

目前,国内图书出版项目管理的研究和实践多集中在第一个层面并取得部分研究成果。第二个层面有人提出但没有深入研究,仅集中在引用的必要性论证上,并未涉及具体内容、方法、步骤等,更未进行实践。第三个层面还没有人正式提出,是笔者在思考中国可供书目建设问题时想到的,限于工作实际情况,仅能思考一些具体问题,作为研究的一部分,是今后研究发展的方向。这三个层面是基于图书出版管理各个层次客观存在的现实划分的,划分的作用和意义有三个。第一,国内图书出版项目管理的研究由于受体制制约,长期局限于单品种图书的范围内,分层的意义在于理清研究的思路,引导研究人员在不同的层面推动研究的进程。第二,便于引用国外已有的研究成果。由于国内外政治、经济、文化环境的差异,国外图书出版项目管理经验不能直接引用。但划分层次之后发现,在第一个层次上可以引用。因为单品种项目管理注重的是项目本身的过程、方法和工具,相对多项和行业的范围,受环境的影响较小,借鉴国外研究成果的可行性较大。第三,有利于指导出版行业的实践。我们研究的目的是指导实践,而在出版行业的实际运作中,其管理是分为行业、企业和单品种三个层面的,而我们的研究从这三个层面出发,对实践有较强的针对性。出版行业的基本组织形式是出版社,在同一个出版社内图书出版项目管理按照单项目、多项目进行研究和管理比较可行,因为出版社的组织结构、管理模式以及单本书出版流程,在一个国家内是十分相似的,事实上国内外的研究和实践都是按照这两个领域分别进行的。

三、图书出版项目管理的要素

图书出版项目管理的关键要素有四个:项目管理的主体、项目管理的对象、项目管理的方法和项目管理的任务,这四个要素通俗表述为谁组织、做什么、怎么做、做成什么,是图书出版项目管理研究首先需要明晰的。

图书出版项目管理的主体,是项目的直接管理者,负责项目的计划、实施和控制,承担项目失败的后果,也享有项目成功带来的利益,集项目责任、权力、利益于一身。单项目图书出版项目管理的主体是项目经理或者项目策划,多项图书出版项目管理的主体是出版社的法人,行业项目管理的主体是行业的管理者或者行业具体项目的组织实施者。

图书出版项目管理的对象,是管理者面对的客体,在图书出版项目管理的不同层次,其对象有很大的区别。

在微观图书出版项目管理领域,管理的对象是具体的项目,包括项目的范围、项目的目标、项目的计划以及实现项目需要的资源和具有的资源。在这个管理领域,管理者面对的大多数是单一的图书,也有部分是套书或者丛书。一套书或者一部丛书可以看作一个项目,进行统一的运作,项目的成本和利益进行合并计算。

在中观图书出版项目管理领域,管理的对象是一个阶段内运作的多个项目,比如一个年度内运作的图书项目,或者两年内运作的图书项目,管理者整体关注在一段时间内,出版社所有项目的运行、投入和产出情况。

在宏观图书出版项目管理领域,管理的对象是行业项目管理的相关问题,比如图书项目经理专业资质认证的实施。这是跨企业、跨组织实施的管理,项目的参与者比较复杂,项目的内容也相对复杂,需要根据行业的具体发展状况来定。

图书出版项目管理的方法,需要根据不同层次需要选择不同的方法。在微观图书出版项目管理层次,单本书管理的基础是过程管理,需要在过程控制的方法中选择,比如控制进度的网络分析法。在中观图书出版项目管理层次,出版社关注多项目的综合效果,管理的基础是综合和协调,需要在集成管理的方法中选择,比如项目组合管理法。在宏观图书出版项目管理层次,行业管理者面对的是所有出版企业,涉及的范围、内容十分繁杂,比较适用系统管理的方法,但有些具体问题需要具体情况具体分析。

图书出版项目管理的任务,同样与项目的层次密切相关。单本书项目管理的任务,在于最大限度地提高单品种图书的效益,用最低的成本、最少的人力,在尽可能短的时间里,获得最大的经济和社会效益。出版社多项目管理的任务，是通过多个项目目标的完成，实现企业的战略目标，提高企业的两个效益。在众多项目中，也许有的项目是负利润，不符合单项目管理的要求，但是，这个项目能够完善出版社的图书品种，促进图书的整体销售，同样符合出版社的战略目标。出版行业项目管理的任务是提高整个行业的管理水平，其目标是解决存在的问题，建设有利于出版行业实施项目管理的环境。

明确图书出版项目管理的要素，不仅是研究的需要，还是项目管理实践的需要，能切实促进项目管理的建设。比如，明确微观图书出版项目的主体要素，解决了图书出版微观主体长期缺失的问题，使单本书的经营管理有了责权利统一的承担者。其他的要素，在具体的项目实施中，同样有重要的作用。

四、图书出版项目管理的核心内容

图书出版项目管理按照三个层次进行分类后，每个层次的中心问题是图书出版项目管理的基本问题，也是图书出版项目管理的核心内容。

将图书出版项目管理的要素与图书出版项目管理结构进行组合，能够具体体现图书出版项目管理每个层次研究的重点。

表 3.3　图书出版项目管理要素对照表

项目管理	管理主体	管理对象	管理方法	管理任务
微观图书出版项目管理	项目负责人	单品图书	过程管理	提高单品效益
中观图书出版项目管理	出版社	社内多项目	协调管理	提高企业效益
宏观图书出版项目管理	出版行业管理、协调机构	相关问题	系统管理	具体问题具体分析

按照图书出版项目管理的要素，我们分别对三个层次的项目管理进行相对完整和明确的表述：

微观图书出版项目管理，是指把单本书出版的活动作为一个项目进行管理。由项目经理或者项目负责人，面对图书选题提出到营销发行的全过程,选择项目管理的相关工具,对出版进度、成本、质量等进行合理计划,并按照计划进行实施,最终实现单品种效益的最大化的管理方式。

中观图书出版项目管理,是指出版社的决策层或者法人,在出版社战略目标指导下,面对出版社同时运作的多个图书项目,根据项目管理的相关理论和方法,建立相应的组织结构和协调机制,保证出版社人员、财务等资源最优化配置,取得整体效益的最大化。

宏观图书出版项目管理,是出版行业管理机关或者行业协会等机构,根据项目管理行业发展的需要,为保证项目管理实施的质量和效果所做的相关工作。通过行业项目管理的努力,不断提高行业管理水平。

注释：

[1] 内容关联、统一编写或编辑的系列书称丛书。丛书有一个统一的丛书名，每本书有自己独立的书名，一本书一个书号，可以单独销售。

[2] 套书是用一个书号，分开装订、整体销售的系列图书。

[3] 全称 Project Management Institute，简称为 PMI，开发《项目管理知识体系指南》PMBOK。

[4] 全称为 Project Management Body of Knowledge，简称为 PMBOK。

[5] 全称为 the Association for Project Mangement。

[6] 全称为 the Association for Project Mangement-Body of Knowledge。

[7] 全称为 International Project Mangement Association。

[8] 全称为 IPMA Competence Baseline，简称 ICB，即国际项目管理专业资质标准。

[9] 物质属性和精神属性被称为图书的双重属性。

[10] 社会效益和经济效益统一是衡量出版效果的标准。

[11] 这是早期对出版的定位，主要依据出版的功能，把出版定位在内容选择、把关和生产上。

[12] 自数字技术和互联网技术应用到出版业以来，出版的功能发生了变化，内容的传播和生产不再是出版的特权，出版的优势体现在对内容的搜集、整理和过滤上。

[13] 当内容的传播和生产不再是出版的特权，出版商依靠出售内容获利的赢利模式受到挑战，为读者提供个性化的服务成为新的赢利点，这是出版商赢利模式变化的结果。

[14] 出版行业与其他行业彼此依赖对方生存与发展。

[15] 相关行业彼此渗透、融合与再生。

[16] 中国向世界银行贷款的水电站建设项目，按规定必须进行国际招标。日本以低于标底的优势中标后，用项目管理的方法高质量提前完成任务，把项目管理的方法引进工程建设行业。

第四章 单项图书出版项目管理

单项目图书出版项目管理是针对一个具体图书项目进行的管理。研究的重点是单项目图书出版过程的控制。本章汇总整理了国内研究单项图书出版项目管理的零散成果,结合项目管理生命周期理论,全面分析了单项图书的生命周期和出版过程,整体提出了单项图书出版过程控制的方法。

第一节 单项图书出版项目管理过程研究

每个图书出版项目都有明确的开始、结束时间,像生命过程一样有一定的出生、生长、发展和结束的规律,有一个相对明确的阶段顺序,笔者把它称作单项目(微观)图书出版项目的生命周期。

单项图书出版的项目周期有着共同的特性,通过研究可以总结出通用的规律。

一、单项图书出版项目的生命周期

在项目管理理论中,项目生命周期通常可以划分成几个阶段。划分阶段的首要标准是项目工作的相同性[1],根据相同性把项目性质相同的工作划分到同一个阶段中。第二个标准是项目阶段成果(项目产出物)的整体性[2],即一个项目在某个阶段的全部工作应该能够生成一个自成体系的标志性成果,这个成果可以把本阶段和下一个阶段区分开。普遍意义上的项目周期一般分为概念阶段、规划阶段、实施阶段、收尾阶段。这样划分的作用在于把项目风险分散控制在各个阶段:前一个阶段的成果经过审查验收后,认为对可能的项目风险可以接受,再开始下一阶段的工作。这样就能在项目实施过程中有效控制质量,降低风险,提高项目的成功率。

具体把项目周期阶段划分的方法应用到不同的行业,则要分析行业生产的特点,行业的生产流程不同划分的阶段也不相同。有的行业可以划分成三个、四个阶段,有的行业可以划分成七个、八个阶段。汇总图书出版的全部工作内容,依据项目周期划分的标准,笔者认为:将单项图书出版项目的生命周期划分成选择、出版、发行、考核四个阶段比较合适。其理由如下:

第一,四个阶段的工作自成体系,性质各不相同:选择属于前期开发阶段的工作,出版属于制造阶段的工作,发行属于经营阶段的工作,考核属于项目总结改进阶段的工作,工作性质明显不同。

第二,四个阶段占用资源的情况不同:选择阶段的工作占用的资源主要是依靠人力进行市场调研和分析,也可以委托专业调研机构提供信息,占用出版社的资源不多;出版阶段占用出版社人力、物力资源最多,是出版管理中最复杂的阶段;发行工作基本上依靠书店和专业销售机构,出版社主要负责仓储和发货,占用出版社本身的资源较少;考核是总结经验、教训的阶段,主要用于对项目组奖励和对项目效果评价,基本上不占用或很少占用社内资源。这四个阶段占用的资源情况不同,其中,出版阶段占用出版社绝大部分人力、物力、财力,以时间纬度占用资源的情况如图4-1所示。

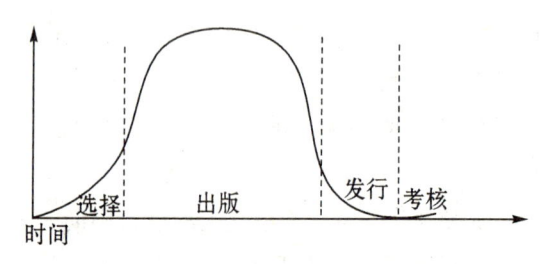

图4-1 图书项目生命周期中的资源分配图

第三,四个阶段承担的风险不同,越靠前的阶段风险越大,由前向后依次递减,需要区别对待:选择阶段风险最大,选择失误直接导致项目失败,甚至可能导致出版社破产,需要出版社慎重决策;出版阶段风险最多,出版阶段涉及装帧设计、质量检测、时间把握、成本控制、印数测算等,每个环节都存在风险,都会影响项目的效果;经营的风险相对较小,但营销手段、经营方法对扩大经营的效果有直接的作用;考核阶段的风险对项目本身来说几乎不存在,主要是对以后项目有一定的借鉴和指导作用。

第四,四个阶段的项目成果各不相同:选择阶段的成果是针对众多图书选题确定的出版项目,出版阶段的成果是图书产品,发行阶段的成果是销售收入,考核阶段的成果是对项目的总结和评价。

图书项目选择阶段的管理工作,与中观图书出版管理中的选择机制有所重叠,放在下一章阐述。销售阶段目前基本是由书店管理,不再单独分析。出版阶段是微观图书出版项目的管理核心,是本章重点研究和分析的阶段。

二、单项图书出版项目的管理主体

单项图书出版采用项目管理方式,首要的就是确定项目的主体,这是项目管理的组织结构和管理程序决定的。单项图书出版项目的管理主体,是项目的直接承担者,在项目管理中等同于项组,全权负责图书的选题调研、计划、实施、控制。根据出版社项目管理的程度不同,管理主体的作用或者说权力、义务还有差别,有些与出版社是合同关系,有些则是受出版社的委托,但不管是哪种情况,都是图书出版项目责权利的第一承担者。出版项目管理流程采用以项目组为主导、各个职能部门全力配合的模式。项目的主体十分明确:图书项目组为主体,项目负责人是主体的代表,项目负责人受法人委托可以决策出版流程中出现的问题,各个部门必须协调和配合。

传统出版采用职能部门分阶段管理、各个部门分工协作的模式。每个部门犹如一个铁路警察,仅管理自己路段内的事务,一个部门仅为出版流程中的一个环节负责,如编辑室负责加工书稿、美编室负责装帧设计、校对室负责书稿校对、总编室负责办理出版登记相关手续、出版部负责印刷、发行部门负责宣传发行、财务室负责结算。部门之间缺乏及时沟通的渠道和组织,部门之间的衔接仅靠责任编辑传递信息。当过程中出现问题时,责任编辑却没有调整部门计划的权利,致使出版链条相互脱节。这与传统出版的理念、管理对象、管理组织结构、管理流程等都有直接或间接的关系。其结果是出版项目被分割成若干阶段,有部门或者责任人对某个阶段的工作负责,但没有部门或者责任人对图书出版中出现的问题整体负责。看似都是图书产品生产的参与者,但每个人都仅为本部门的工作负责,每个部门仅仅对自己参与的部分工作负责,没有人为图书出版的整个过程负责,没有人为图书的整体效益规划。这就是单项图书出版主体缺失的基本情况。

单项图书出版主体缺失,使得信息沟通的路线沿着出版社的金字塔结构传递。经过的环节有:编辑——编辑室——总编或分管副总编(终审)——总编室——排版中心——校对科——美编室——出版部——储运部——发行部——财务室(结算)等环节。每个环节出现问题,都要按照出版社的组织结构,由问题出现的位置,从下向上到分管领导甚至最高领导处,待领导提出解决方案,再由上往下费尽周折传递到执行部门,至于贯彻执行结果如何则无人考察。这种看似全员负责、实则无人负责的状况存在严重的问题:第一,信息传递线路长、环节多、速度慢,制约图书生产的速度和效率;第二,各环节与项目整体效果的关系不明确,绩效考核难以量化和公平;第三,编辑与发行的矛盾依然存在,编辑部门与市场脱节,难以了解图书市场的需求,发行部门不能提前进入图书的策划和出版环节;第四,出版社的决策管理者陷入日常事务之中,难以有较多时间和精力来思考发展战略和企业未来。

图书出版项目管理与传统出版管理,在管理理念和方法上都有本质的不同,这一切都是建立在明确主体的基础上。有了明确的管理主体并赋予管理主体相应的权利,才谈得上组织项目组成员,管理协调出版项目范围内的所有工作。

三、单项图书出版阶段的管理过程

图书出版阶段是项目生命周期的核心阶段,是单项图书项目管理的重点。可以把它看作一个子项目,相当于把图书生命周期中,与出版社生产管理最为密切的出版阶段独立出来,细致分解工作内容并进行管理。根据图书出版的流程,出版阶段可以分解为审定出版计划、组建项目组、实施、控制、结尾五项任务。图书出版的五项工作之间存在着前后衔接的关系,这种关系虽然有所重叠,但大体有着时间的先后顺序,管理工作的输入和输出是它们相互之间的关联要素(如图4-2)。

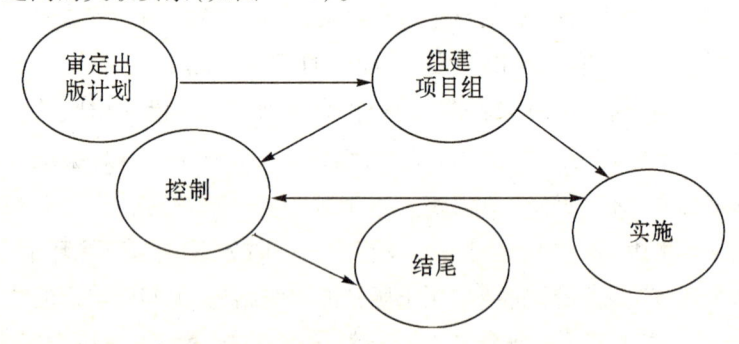

图4-2 图书项目动态管理过程示意图

这五项工作在时间上并不完全是一个完成以后，另一个才能够开始。在项目管理中一个工作过程组的各个具体工作会有不同程度的交叉和重叠，过程之间的关系也不完全是单向的，有些是同时进行的，比如实施和控制阶段，几乎贯穿整个出版过程，需要在工作中互相协调和综合考虑（如图4-3）。

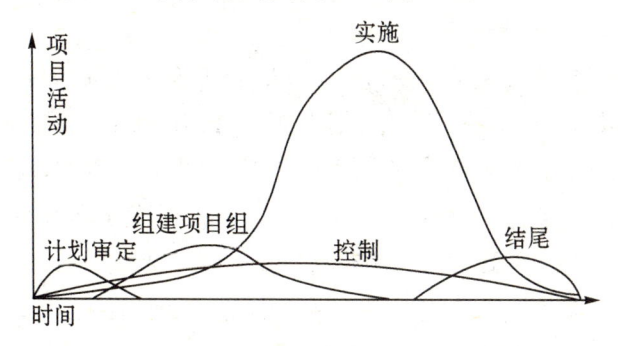

图4-3　五项工作的交叉与重叠

虽然五项工作的过程是交叉与重叠的，但工作的内容却是具体的，每个任务的成果也同样有可检验性。

图书出版计划审定包含的管理活动有：建立WBS计划[3]、确认出版流程[4]、确定项目计划基线[5]、按照图书成本规定对成本[6]和利润[7]要作仔细估算等。阶段成果是出版计划书。计划书是项目经理依据调查情况，充分运用项目管理的思想，精心策划的图书出版方案。方案详细到具体书名的确定、作者的选择、交稿日期、每一本图书的责任编辑、出版周期的约定、图书宣传及发行的方式等情况。计划工作的管理重点是规避出版项目的风险，要充分考虑到各种市场因素的影响，考虑风险成本，使出版项目预算更科学，更合理，更合乎实际。

图书项目组组建所包含的管理活动有：项目经理确定图书出版项目组成员，确定图书出版工作内容，分解出版工作任务到最小元素，分配工作任务到项目组成员。

项目组组建工作的成果是出版项目分工表。分工表包括项目出版工作中，每个成员的责权利，每项工作的具体标准，每项工作完成的具体时间,工作的程序和沟通途径。对此任务的管理重点是工作量计算的标准制定、工作质量标准的认定以及出现问题的应急措施,以免人员选择或安排不当,造成项目失败。

图书项目的出版实施包含的管理活动有:组织和协调人力资源和其他资源,组织和协调各项任务与工作,激励项目团队完成既定的出版计划,按时按质出版图书。

一旦出版社采纳了项目组的计划书,便进入了出版流程,要经历诸如申报选题、签订合同、编辑加工、校对、印刷、发行等环节。对此任务的管理重点是综合运用项目管理的科学方法,对项目环节实施科学管理,以期在预计的时间内,高质量地完成项目。

图书项目的控制分析包含的管理活动有:制定标准、监督和测量项目工作的实际情况、分析差异和问题、采取纠偏措施等管理工作和活动。这些工作由项目管理办公室负责。

图书项目在实施过程中,其进度、成本、质量及风险的变化是难免的,项目管理办公室通过及时跟踪并与项目负责人沟通进行纠偏。只有对整个出版任务实现过程中的各种项目目标、任务与计划的变动(也叫变更)进行协调和控制,才能使项目的实施与项目的集成计划保持一致。控制工作的管理重点是变更控制,尤其是范围变更控制、进度变更控制、成本变更控制、质量变更控制和风险识别与控制。图书的范围、进度、质量中的一个或数个发生变化,就会影响到成本控制和风险控制;图书风险的识别和控制也同样牵连出版的进度、质量等。图书范围的变化直接关系到进度、质量、成本的变化。图书出版中的一个或数个因素发生变化就影响到其他因素的变化,出版项目的变更控制要统筹兼顾、统一考虑。

图书项目的结尾总结包含的管理活动有:完成出版项目移交准备工作、完成出版项目结束和移交工作计划、总结出版项目和完成出版项目文档等。在图书面市后,还需及时收集反馈信息,了解此类书系的销售情况、读者意见及建议,以便作进一步的修订、完善。对成功的图书要及时总结经验,对失败的图书项目也应及时总结教训,找出失败的原因以供今后借鉴。以上的一切工作在项目完成后都应形成文件，归入档案。对此任务的研究重点是分析成功项目和失败项目的原因。不管是成功的经验还是失败的教训都是出版社的宝贵财富，它记录了出版社的成长，引导出版社的发展，值得珍藏。

第二节 单项图书出版项目职能管理的内容界定

图书项目管理中有一部分内容，是跨图书项目生命周期阶段的管理，它不仅仅存在于某个阶段，而是存在于多个阶段，甚至存在于整个项目周期。因此，项目管理另外一种研究方法是基于管理职能考虑，把图书项目管理的内容分为以下九个方面：综合集成管理、范围管理、进度管理、成本管理、质量管理、人力资源管理、沟通管理、风险管理和采购管理。

一、图书项目的综合集成管理

综合集成管理是指为确保图书项目运作过程中各个环节能够有机地协调和配合所开展的综合性和全局性的项目管理工作和过程。它是将图书项目运作的质量、进度、成本、范围整合在一起的活动，其核心是在多个相互冲突的目标和方案中作出权衡，以实现项目的目标和要求。其本质就是从全局的观点出发，以项目两个效益最大化作为目标。

图书项目的综合集成管理包括：制定图书项目的集成计划（或叫综合计划），这是一项综合考虑图书各种专项计划[8]工作结果，综合平衡并编制出能够协调和综合这些专项计划的项目集成管理工作。另外，任何项目都会有各种各样的变动，而这些变动都可能会直接影响项目的其他工作与项目目标的实现，所以项目集成管理的一个重要内容是全面控制这些变动或变更。这是一项最重要的项目集成管理的内容。

图书综合集成管理的作用是帮助项目管理人员整合、协调项目管理的不同活动领域,进行信息交流,促进有效的沟通,有效地对项目中的变更加以控制和管理。如进度滞后,则要增加人员,同时会增加成本,要综合考虑不能单看一项。

二、图书项目的范围管理

范围管理就是确保完成项目全部规定要做的工作,而且仅仅完成规定要做的工作从而成功地达到项目的目的。也即界定项目的范围并且在此基础上进行管理。它是项目未来一系列决策的基础。广义的图书出版范围管理是通过分解出版过程要完成的全部工作,定义出图书出版工作边界的管理过程。狭义的图书出版范围管理是控制图书出版篇幅的管理活动。在图书出版项目管理活动中,范围管理的概念是广义的定义。

图书范围管理的内容包括:图书出版、营销工作所包括的各项工作的确定、实施和核实。操作方法是编写正式项目范围说明书作为将来项目决策基础的过程;将项目集成计划付诸实施,将计划分解成阶段目标(WBS)和使项目集成计划转变成项目产出物;根据项目的实际情况、项目的变动要求和项目范围管理计划,运用项目范围变化控制和各种变动的应急计划等方法,按照集成管理的要求去控制和管理好图书范围的变动;正式表明利害关系者[9]对项目范围的确认,以确保出版任务能够正确圆满地完成。如果项目提前终止,范围核实应对项目完成程度建立图书文档。

图书出版范围管理是确定图书出版进度的基础,只有范围确定才能计算出版图书的时间,然后根据工作量标准和人员配置情况计算出版时间。图书出版范围管理也是图书出版资源配置的基准,只有确定了图书出版的范围,才能计划出版资源的需求量。图书出版范围管理还是费用预算和控制的基线,范围变动其费用一定变更。

图书出版管理是基于过程的管理,图书稿件内容篇幅、印数预测一旦确定,其工作量就基本确定,就可以根据工作流程进行范围分解。分解方法能够解决几个关键问题:第一,将出版阶段的工作划分及项目组织的责任有机结合起来,逐级分解项目工作的过程,实际也是分派角色和职责的过程。第二,分解后的任务应该是独立的、可管理的、可检查的,各个工作包之间必须有明确的界限,以便承担工作的组织或个人都明白自己的任务目标和责任,有利于减少实施过程中的矛盾和协调中的工作量,有利于监督、检查。第三,分解层次设置与责任人的控制能力和责任能力密切相关:控制能力越强,层次就越少,反之就需要分解得更细、层次更多;同样,责任能力越强,层次就越少,反之就需要分解得更细、层次就更多。

在出版过程中,范围控制还需要制定控制检查表和图书出版流程记录单,前者从总体上约束图书出版的成果,比如内容是否符合目标读者,印数是否满足市场要求等;后者是依据出版流程跟踪,检查每个工作交付物是否符合标准。前者主要由专家、利益相关者对成本效益进行分析的基础上确定,后者主要根据出版流程来制定。

三、图书项目的进度管理

项目的进度管理也称时间管理,也有人称为项目工期管理,是指在项目的进展过程中,为了确保项目能够在规定的时间内实现项目的目标,对项目活动的进度及日程安排所进行的管理。

进度管理是出版时间达到预期要求的手段。按进度进行管理能够保证出版进展的均匀性和连续性,同时又与成本控制等工作有密切的联系。书稿作者由于种种原因交付的书稿达不到预期的要求,或者出版进行的过程中出现突发情况,往往影响书稿出版时间,给项目带来直接的经济损失。为了提高项目管理的效率,保证出版的进度,项目管理者应建立明确的项目进度计划表,并在进入出版流程前与作者签订的合同中明确书稿时间的交付和质量要求。项目管理者还可以在作者创作的过程中规定各阶段的交稿时间和交稿内容,并经常保持与作者的联系,发现书稿不符合编辑预期目的的地方及时做修改,这样更有利于后续工作的开展,避免事后做大量的重复性工作。

按照项目管理的理论,项目进度管理的基础是时间计划与控制,进度管理的程序主要包括:活动定义、活动排序、活动持续时间估计、进度安排以及进度控制。而图书出版的内容、供需几乎一样,不需要每个项目都单独定义,每项工作需要的时间按照图书的篇幅很容易确定,所以,图书项目的进度管理可以简化为进度安排以及进度控制。进度安排一般采用倒推法,以需要成书的时间为结束时间,以定稿时间为开始时间,从后往前排,排出整个项目的总体时间安排。在实施过程中,发现问题及时调整解决。

· 图书项目的时间管理的任务是给出出版活动顺序,即分析确定工作之间的相互关联关系,作出准确的顺序安排,以便制定出现实的、可以完成的图书出版进度计划并进行时间控制,保证图书出版按时完成。

四、图书项目的成本管理

图书成本管理是指为保障图书项目实际发生的成本不超过项目预算而开展的项目预算编制和项目预算控制等方面的管理活动。是指为保证图书出版项目实际发生的成本低于项目的预算成本所进行的管理过程和活动。项目成本预算时把估算的总成本分配到各个工作细目,作为衡量项目成本执行情况的依据。成本控制是要保证各项工作在它们各自的预算范围内进行。成本预算是成本控制的基础。

图书项目成本管理的任务包括:确定出版项目需要投入的资源[10]种类、项目资源投入的数量和项目资源投入的时间。图书项目成本管理工作,涉及根据图书的成本估算为项目各项具体工作分配和确定预算定额,以及确定图书项目总预算的管理工作;在项目的实施过程中,通过项目成本管理,尽量使项目的实际成本控制在计划和预算范围内。

图书成本核算在单项图书出版项目管理中具有重要的作用。第一,对于图书出版行业,生产成本、办公费用支出占资金的主要部分,是企业财务管理的重要内容。如果出版社在图书成本核算上管理粗放,就不可能实现精细管理。解决这个问题的最好办法就是进行单本图书项目独立核算,把每本图书的投入与产出统一核算,正确反映图书出版的投入产出比,精确衡量该图书项目的出版效益。第二,成本核算应该覆盖图书项目管理的全过程。成本管理是图书项目管理各环节中持续时间最长、程序最为复杂、操作性极强的管理环节,是全面反映项目运行状况最直接的指标。在出版过程中坚持成本核算,能够反映出项目的进度、计划的实际完成情况。第三,成本核算也是管理者与项目人员最为关心的环节,能够成为相互沟通的平台。第四,成本核算是项目管理中最具带动作用的环节,是项目管理各种手段中最具有约束功能的方法之一。成本核算精确、管理得当,不仅能够有效约束图书项目干系人遵守项目管理的有关规定,而且能够充分调动项目人员的积极性,保证以最小的投入获取最大的回报。

图书项目职能管理的内容有很多,但图书出版项目管理的核心应该是财务管理,因为卓有成效的财务管理能够带动项目全过程管理。出版社由粗放管理发展到精细管理,关键在于建立科学的财务管理制度。科学的管理制度可以使出版社具有更多的企业化特质,并且由原来以控制资金为核心的"预算制"[11],向以赢利为目的的"核算制"[12]转变。在"核算制"之下,项目成本管理的本质是成本核算,图书成本核算的目标不应该仅仅局限于计划好、使用好、监督好资金使用,而应该是以成本管理为杠杆,带动图书项目运作,最大程度实现出版项目的社会和经济效益。

由"预算制"向"核算制"转变是图书项目成本管理的要求,项目管理提倡用"成本曲线"的管理办法,核对预计成本与实际成本之间的差异。针对图书出版行业的具体情况,项目管理中的成本管理方法要结合出版行业特殊的财务管理流程及财务核算要求来设计。特别是在成本及销售核算上,具有多种成本分摊途径,如"出版社—个人—项目"、"出版社—项目"等,各出版社可以根据其分配体制来确定。

传统出版社经常会出现这样的怪现象:每个编辑计算自己出版的图书都赚钱,但出版社整体是亏损的,原因在于每个编辑是按直接成本计算的,而出版社却必须计算全成本。出版社在进行项目管理的过程中,其成本预算的内容可能有所不同,主要和出版社的管理方式有关。与传统预算方法比较,出版社只要实行项目管理,就都需要进行图书出版全成本预算和控制,即不仅要考虑图书生产的直接成本,如稿费、编校费、装帧设计费、出片费、排版费、纸张费、印装费等,还应考虑间接成本的支出,如人员的工资、折旧费、劳动保障费、样书[13]费、发行费等经常性开支。否则,成本预算就不完全、不准确。

还有一个与财务管理密切相关的概念叫图书项目融资。这是与出版社融资相对应的,直接以图书项目未来获取的收益和项目形成的资产为基础,由参与项目的各方分担风险的、具有追溯权性质的特定融资方式。也可以说,运用项目管理的方法,为出版社融资增加了新的途径和方法。

五、图书项目的质量管理

项目质量管理是指在项目的进展过程中,为了确保项目能够按质按量在规定的时间内实现项目的目标,对项目活动的进度及日程安排和质量情况所进行的管理过程。项目的质量管理不仅指图书成品质量[14]的管理,而且包括项目管理的质量管理,即项目的工作质量以及所达到的经济指标。这是传统出版与项目管理模式下的质量管理不同的地方。

质量管理的根本目的是保障最终交付的项目产出物符合目标要求。图书出版项目达到预期目标,必须在项目运行过程中进行有效的管理。项目质量管理包括质量计划、质量保证、质量控制、质量验收等过程,通过这些核心过程管理建立并实施项目质量体系。图书项目质量管理其主要任务包括:图书质量计划,是指确定所出版图书应该达到的质量标准和如何达到这些质量标准的工作计划与安排。质量控制,对项目各种结果进行监督,检验这些结果是否符合有关的质量标准并找出办法以消除那些造成不良后果的隐患。质量保证,指在图书组稿、编辑、印刷、发行过程中严把质量关,以便有把握使项目能够达到有关的质量标准。

项目质量计划是保证项目质量管理成功的过程之一。项目管理有一个重要的理念,即质量是策划出来的,是管理出来的,不是检查出来的。我们现在对于已经出版的成品书进行质量检查,是一种十分落后的管理方法。要保证出版质量,首先要保证质量计划的准确性,质量计划是判断哪些质量标准与本项目有关,并规定达到标准的操作规范。其他三个过程各有作用:质量保证是确保质量的可靠性,质量控制是判断是否符合质量标准,质量验收是对成品进行验收。

质量保证管理的关键问题在于制定科学可行的质量标准,建立完善的图书质量管理体系。国家在此方面有标准的文件,可以采用现行的国家标准,关键是要在管理过程中持续开展有计划的质量改进活动。项目质量保证的工具和方法主要有质量审核和过程分析,相比之下,质量审核更适合出版管理。研究人员可以通过设计管理清单,在出版过程中,用于对照、检查、调整。指令审核可以是有计划的或者是随机的,可以有专门的审核人员执行,也可以由项目组进行。

项目质量控制主要是监督项目的实施结果,将项目的结果与预计的质量标准进行比较,分析偏差的原因。为了提高项目管理的效率,保证出版的双效益,项目质量控制实质是集范围控制、成本控制、进度控制于一体的集成控制和检查。适合出版项目的方法仍然是检查。传统图书出版的质量检查制度相对于其他制度而言还是比较健全的,在项目管理过程中可以沿用。

质量验收采用对照法,根据标准检验图书成品达到的质量级别。

六、图书项目的人力资源管理

项目的人力资源管理是指对于项目的人力资源所开展的有效的规划、积极的开发、合理的配置、准确的评估、适当的激励等方面的管理工作。

图书项目的人力资源管理工作包括:采取内部和外部招聘的方式

确定项目成员并分配工作,努力提高项目管理班子作为一个集体发挥作用的能力。选取适当的管理模式,提高项目组的运行效率。

七、图书项目的沟通管理

项目的沟通管理是指对于项目过程中各种不同方式和不同内容的沟通活动的管理,是搜集、存储、散发并且最终配置项目过程中产生的信息的过程。对于项目组的成员来说,沟通管理所要解决的问题是何时(When)、向何人(Who)、汇报什么(What)的问题。它提供了项目管理成功所必须的人、思想和信息之间的联系。

图书项目沟通管理的内容有:策划、编辑、发行等确定利害关系者对于交流和沟通的要求,信息的内容以及交流的方式;出版社、著作权人、合作方及读者之间的信息沟通和反馈。沟通管理虽然是近年来才兴起的,但却是相当重要的。

八、图书项目的风险管理

项目的风险管理是指通过风险识别、风险界定和风险评价去认识项目的风险,并以此为基础合理地使用各种风险应对措施、管理方法、技术和手段对项目的风险实行有效的控制,妥善处理风险事故所造成的不利结果,以最少的成本保证项目总体目标实现的管理工作。

图书风险管理的内容有:风险识别,包括确定风险的来源和确定哪些风险事件有可能影响本书;风险量化,估计可能发生的后果的范围及其发生的可能性大小;风险回避,确定对风险采取的回避措施和对威胁采取的减缓步骤。现在的图书市场已经成为买方市场,且逐渐进入畅销书时代,"二八定律"[15]发挥着越来越大的作用,一般的图书市场份额越来越小,有些书因几乎无人问津而变为废品,给出版社造成很大损失。图书市场由卖方转向买方,图书出版的风险与日俱增。图书的内容、装帧、定价、出版时机、读者定位、宣传推广等方面的策划和实施都存在一定的风险,稍有不慎就可能导致出版项目失败。

九、图书项目的采购管理

项目采购管理是在整个项目过程中有关项目组织从外部寻求

和采购各种项目所需资源的管理过程,是确保项目过程中所需要的原材料、资源、服务得到满足的过程。

图书项目采购的内容包括:明确图书生产在什么时间、需要采购什么材料和怎样采购这些材料,并据此编制出详细可行的项目采购计划、签订相关合同,以确保采购的各种资源能够在需要的时间到达。

第三节　单项图书出版项目管理的方法和工具

单项图书项目管理是过程与方法、工具相统一的管理,既要有一定的过程分解,还要有相应的方法和工具。

一、单项图书出版项目管理方法框架

图书出版项目管理方法与传统的出版管理方法,从管理对象、管理目标到组织形式都有着本质的不同,两者的差异可以通过表4.1予以对比。

表4.1 传统出版管理和出版项目管理比较

出版组织	传统出版管理	出版项目管理
管理方法	行政管理方法	项目管理方法
管理对象	部门内工作	项目整体目标
管理目标	图书质量	图书质量、进度、成本、效益
组织形式	固定	弹性
参加人员	部门安排	项目组人员
沟通机制	缺乏沟通渠道	及时召开每周协调会(部门经理会)、每月检查会(全体职员会)、每季计划更新会(部门经理会)、年度战略讨论会(高层经理会)
考核方式	针对部门	针对项目组

单项图书出版项目是以具体出版项目为管理对象的;管理的

目标是综合的,包括质量、进度、成本、效益等综合情况;项目的人员、组织是临时的,但都是为项目实施存在的;项目实施中的沟通渠道畅通;项目考核的对象、标准十分明确。

项目管理的主要控制目标是范围、进度、成本,由这三个指标控制的结果决定了项目管理的质量,这与单项图书出版的要素范围、进度、成本相一致,这三大要素的合理控制决定图书的质量。本研究以范围、进度、成本、质量的管理工具选择为例,图示说明单项图书出版项目管理的方法。

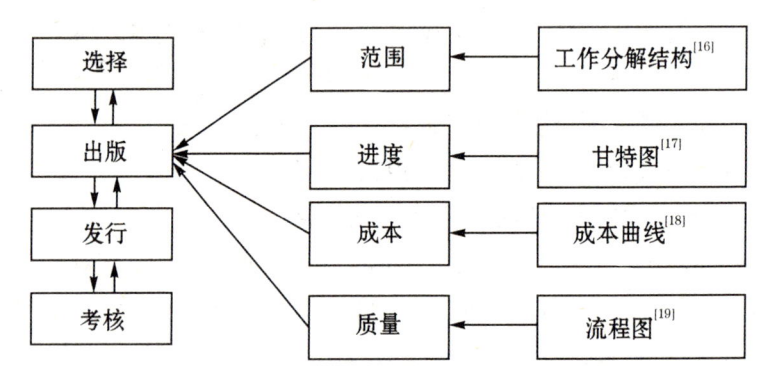

图4-4 单项图书出版项目管理方法框架示意图

单项图书出版项目管理方法框架,秉承了项目管理中"目标—分解—综合"的系统管理思想,采用从目标出发、把整体项目分解成最小的工作包、通过项目管理工具完成一个个工作包、最后综合成总的目标的方法,建立可以与出版过程相统一的项目管理方法框架。

二、单项图书出版项目管理工具的选择

出版社是否应用项目管理的模式,主要看出版社的组织结构和相应的管理工具应用情况。应用项目管理工具是应用项目管理方法的主要标志。从理论上讲,项目管理的方法与技术都可以应用到微观图书出版项目中。实际上,有些工具不便操作,有些工具与出版流程相互冲突,不适合使用。图书出版项目管理工具是从项目管理众多工具和技术中选择出来的,具有先进性和开放性。

先进性是指对比传统的出版管理而言,它吸纳了项目管理方法的科学性,能够缩短时间、降低成本、保证质量,能够提高单本书的出版效益。开放性是指对比项目管理的通用工具,它结合了图书出版的任务和过程的特征,进行了切合出版流程的选择和改进,既有优先推荐的常用工具,也有供使用者选择的备用工具(见表4.2)。

表4.2 微观图书出版职能管理常用工具

职能领域	常用工具	备用工具
范围管理	工作分解结构	利益相关者分析
进度管理	甘特图	关键路径法
成本管理	成本曲线	类比估计法
质量管理	流程图	数理统计法
人员管理	责任矩阵	组织理论
沟通管理	需求分析	沟通技能
风险管理	模拟技术	决策树法
采购管理	平衡点分析法	采购招标
综合管理	变更控制	SWOT分析

1.图书项目范围管理的常用工具是工作分解结构。这是在图书项目全范围内分解和定义各层次工作包的方法。它由上而下,结构层次越往下则项目组成部分的定义越详细,最后构成一份层次清晰、可以作为组织项目具体实施的工作依据。编制工作分解结构的思路有三种:基于功能的分解结构,基于成果的分解结构,基于工作过程的分解结构。单项图书出版项目管理工作分解结构适合选择基于工作过程的分解结构。

图书项目范围管理的备用工具是利益相关者分析。因为图书项目投资者、作者、项目成员等利益相关者的利益可能受到项目有利或不利的影响,所以,他们会对项目及其可交付的成果施加影响。分析图书项目利益相关者的情况并进行综合,是图书项目范围管理的工具之一。

2.图书项目进度控制的常用工具是甘特图。甘特图是直观表示进度计划的条形图,它不仅能充分反映出版工作的先后逻辑关系,而且比传统图书进度计划表具有直观易懂、方便调整的优点。甘特图是一个二维平面图,横维表示进度,纵维表示工作内容。其工作原理是将实际进度和计划进度画在同一个图里,以此对比实际进度和计划进度之间的差距,可以用作进度计划制作和进度控制工具。

制定图书进度计划是图书出版管理中最基础的工作。对比传统图书进度计划表和甘特图,会发现项目管理工具的先进性和操作的方便之处。传统图书进度计划表仅仅显示各个工作程序的时间安排。如表4.3。

表4.3 传统图书进度计划表

阶段	计划时间	实际时间
初审		
复审		
终审		
发排		
一校		
一改		
二校		
二改		
三校		
三改		
清样		
出片		
印制		

传统出版的进度计划表仅仅是出版流程的时间分配,如果出版过程有变化,调整起来十分麻烦,如果遇到有些阶段要同步进

行,很难直观看出。

根据图书出版流程内容不能随意更改但程序可以变动的特点,甘特图更符合出版进度管理的需要。它与传统出版进度计划的方法相比,可以根据出版进度的需要及时进行调整,最终保证出版目标的实现。如表4.4所示。

表4.4　甘特图呈现的图书进度计划表

	时间1	时间2	时间3	时间4	时间5	时间6	时间7	时间8	时间9	时间10	时间11	时间12	时间13
初审	■												
复审		■											
终审			■										
发排				■									
一校					■								
一改						■							
二校							■						
二改								■					
三校									■				
三改										■			
清样											■		
出片												■	
印制													■

图书出版流程是相对固定而且不能更改的,即工作的先后顺序和步骤是一定的,而项目出版过程的变化是难以预料的,需要在管理中及时调整,这就是甘特图发挥作用之处。因此,使用甘特图有助于图书出版进度计划和管理。

用甘特图制作图书出版进度计划表,生动形象,易于观察,遇到特殊情况,需要几个工作分别同时进行,在甘特图上十分方便调整。如表4.5所示。

表4.5 甘特图呈现的图书进度计划表（有同时进行阶段）

	时间1	时间2	时间3	时间4	时间5	时间6	时间7	时间8	时间9	时间10	时间11	时间12	时间13
初审	■												
复审		■											
终审		■											
发排			■										
一校				■									
一改					■								
二校				■									
二改					■								
三校				■									
三改					■								
清样						■							
出片							■						
印制								■					

表4.5是图书出版的时间提前，图书出版进度加快，按正常一项工作结束、下一项工作开始的程序，无法完成出版任务，需要将某些环节的工作同时进行时，用甘特图绘制的进度图。从图上清晰地反应出：为了节约时间，由不同人担任的工作可以同时、分别进行，比如初审和复审；也可以把一个人重复做的工作由不同的人担任，比如一校、二校、三校，可以在同一时间完成，同样，一改、二改、三改也可以在同一时间完成，图书出版的总时间大大缩短。

图书项目进度控制的备用工具是关键路径法。关键路径法可以确定图书项目各工作最早、最迟的开始和结束时间，通过最早最迟时间的差额分析每一工作相对时间紧迫程度及工作的重要程度。最早最迟时间的差额称为机动时间，机动时间为零的工作称为关键工作。关键路径法是确保项目中的关键工作在实施过程中得到关照,保证项目顺利完成。

3. 图书项目成本管理的常用工具是成本曲线。成本曲线是以时间为横坐标,以成本累计为纵坐标,反映成本累计投入量的一种曲线,常被称为 S 曲线[20]。使用时,往往将计划与实际的成本累计投入量反映在同一个图形中,常被称为双 S 曲线。如图 4-5 所示。

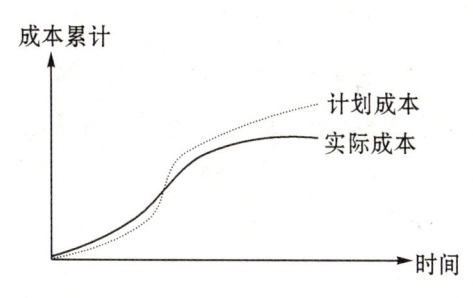

图 4-5　成本曲线图

成本曲线图是以二维平面曲线方式来体现成本情况的,具有绘制简单、直观易读的特点。特别是使用双 S 曲线,将图书成本实际使用情况与计划情况进行对比,清晰显示图书是超预算还是在预算的范围之内。根据实际成本累计与计划成本的差异,管理者可以轻松分析出版进展中成本的偏差状况,为图书成本调整和控制提供依据。出版项目的成本控制通常借助相关的项目管理软件和电子制表软件来跟踪实际成本与预算成本是否一致并进行预算更新和纠正。

图书项目成本管理的备用工具是类比估计法。项目成本管理的方法很多,比如专家判断法、项目管理软件法、资料统计法等等。根据图书出版运用的资源情况和出版社目前的管理情况,引用类比估计法比较合适。类比估计法是与原有的已经执行过的类似项目进行比较,预算当前项目成本。由于图书成本的构成内容相同,只是量的差别,运用类比估计法十分方便、快捷。社内只要统一制定基础成本,任何人都能够进行估算,这对全过程、全员控制成本十分有利。

4. 图书项目质量管理的常用工具是流程图。出版社都有自己的流程图，这与出版社的组织结构关系密切，这里不再一一分析。流程图能够帮助出版项目组成员减少或规避可能发生的质量问题，最适合出版项目使用。

图书项目质量管理的备用工具是数理统计法。数理统计法是通过收集、整理质量数据，分析、发现质量问题并纠正质量问题的方法。

5. 图书项目人员管理的常用工具是责任矩阵。责任矩阵是一种将分解的工作任务落实到项目部门或个人并明确表示他们在组织工作中的关系、责任和地位的一种方法和工具。

图书项目人员管理的备用工具是组织理论。组织理论阐述了人员、团队和单位的行为方式，可缩短获得人力资源计划结果所需的时间，并可提高计划有效性的概率。

6. 图书项目沟通管理的常用工具是沟通需求分析。通过沟通需求分析可得出项目利益相关者信息需求的总合，提取出有利于项目成功的信息或缺乏沟通容易造成失败的信息，防止项目利益相关者因信息过多而应接不暇。

图书项目沟通管理的备用工具是选择合适的信息传递技术的方法。它指导项目管理人员选择迅速、有效、便捷传递信息的技术，提高信息收集、分析、发布的效果。

7. 图书项目风险管理的常用工具是模拟技术。项目模拟一般采用蒙特卡洛技术。项目模拟用一个模型，将详细规定的各种不确定性换算为它们对整个项目目标产生的潜在影响。项目模型经过多次叠加计算，换算出概率分布函数，模拟风险结果。

图书项目风险管理的备用工具是决策分析。通常采用决策树法。决策树是树形的图，描述了各种方案及相关的偶然事件之间的相互影响，帮助管理者判断和选择。

8. 图书项目采购管理的常用工具是平衡点分析法。这是普遍采用的采购管理办法。类似出版成本精算，从而作出某个环节的工作是自己做还是"外包"[21]的决定。

图书项目采购管理的备用工具是采购招标。采购招标是由招标人、投标人经过要约、承诺、择优选择、最终形成合同关系的一种交易方式,它通过平等主体之间的竞争,为采购者带来经济、有质量保证的材料或服务。

9. 图书项目综合管理的常用工具是变更控制。变更控制是一种分析目标实施与目标期望之间差异的方法,用来定义项目变更处理程序。通过跟踪系统和偏差系统程序,适时决策和调整,使变更控制兼顾各项指标,最终达到项目的总体要求。

图书项目综合管理的备用工具是 SWOT 分析[22]。SWOT 分析是综合项目的优势、劣势、机会与威胁等各方面,从多角度对项目进行的管理。

注释：

[1] 白思俊. 现代项目管理概论. 北京：电子工业出版社，2006：31.

[2] 白思俊. 现代项目管理概论. 北京：电子工业出版社，2006：31.

[3] 全称为 Work Breakdown structure，针对交付物的项目元素的分组，它归纳和定义项目的整个范围。

[4] 出版的程序和运作的路径。

[5] 出版项目的范围。

[6] 包括编审费、照排费、印刷费、封面设计费、广告宣传费、稿酬等。

[7] 图书销售税前利润。

[8] 包括图书进度计划、质量计划、成本计划、采购计划等。

[9] 包括项目成员、作者、读者等。

[10] 包括人力、印制材料、资金等。

[11] 1960 年，美国经济学家道·希奇和麦克森所著的《核时代的国防经济学》一书探讨了国防经济的效率问题，并建议在军事设计上应将各种可行方案的成本与效益作出比较，这是预算制的起源。预算制指按成本计划经费。

[12] 指自主经营、自负盈亏、承担经济责任的财物管理制度。

[13] 根据国家图书出版相关规定，向国家图书馆、国家版本图书馆、国家图书条码管理中心交纳的图书；省级出版行政管理单位需要交送的图书；出版单位作为版本保存的图书统称样书。

[14] 图书文字质量、印制质量达到标准。

[15] 即 20% 的图书占据 80% 的市场。

[16] 全称为 Work Breakdown structure，针对交付物的项目元素的分组，它归纳和定义项目的整个范围。

[17] 项目进度的一种图示方法，横坐标指示时间，纵坐标指示程序，由美国人亨利·甘特发明。

[18] 项目成本的一种图示方法，横坐标指示时间，纵坐标指示成

本累计,分预计成本曲线和实际成本曲线。

[19] 用图示的方法说明出版经过的环节和先后顺序。

[20] 英文为 S-Curve,累积的成本,劳动力工时或其他量的图形化显示,按时间点进行绘制。

[21] 把部分或全部工作承包给单位以外的个人或企业。

[22] 也称道斯矩阵、态势分析法。20 世纪 80 年代初由美国旧金山大学的管理学教授韦里克提出,经常被用于企业战略制定、竞争对手分析等,包括分析企业的优势(Strength)、劣势(Weakness)、机会(Opportunity)和威胁(Threat)。因此,SWOT 分析实际上是将对内外部条件各方面内容进行综合和概括,进而分析事物的优劣势、面临的机会和威胁的一种方法。

第五章　出版社项目化管理的机制

本章首次运用项目管理中项目组织的理论,总结分析不同类型项目组织结构的优劣,为出版社在转型时期实施项目化管理,选择适合自己的组织结构提出建设性的意见;同时围绕如何选择正确的项目和如何正确地管理多项目,重新设计了出版社项目论证的原则、方式、程序,提出了出版社项目选择机制和管理机制。

第一节　出版社项目化管理的项目选择机制

项目化管理是相对于单个项目管理的概念,是把企业引用项目管理和单个项目管理区别开来的称谓,"是一种以项目为中心的长期性组织方式,其核心是基于项目管理的组织管理体系。"[1]

出版社项目化管理是出版社采用项目管理的方法组织出版社的生产经营活动,即出版社以科学论证、正确选择图书出版项目为前提,以项目经理为主导,以项目经理部为基础,通过打破现行的直线式职能型组织结构,建立面向读者和市场需求能够快速反应的项目型组织,实现对多个出版项目最有效管理的目的。出版社项目化管理的主要内容包括选题选择机制、组织机制和工作机制三个方面。

研究出版社项目化管理的目标,是依据项目管理的理念和方法,在出版社这个企业管理的层面,面对多项目同时进行、环境快速变化和资源有限的情况,创造出一种责权利相辅相承的机制,使出版社具备满足多项目有效实施的组织环境和业务平台。

每个出版社都有自己的出版定位和发展规划,我们称之为出版社的战略目标,可以分成短期[2]和中长期[3]两种。出版社的战略目标是通过出版的图书来实现的,如何选择适合出版的图书自然成为出版社管理的关键。传统出版社把这一选择的过程定义为选题论证,是由编辑提出后大家凭感觉讨论决定的。出版社实施项目化管理,对选题选择的方式也相应发生变化,即每个选题的确定是出版社在一系列数据指导下进行的。

一、项目选择原则的确立

项目选择是指对拟实施项目在技术上的先进性、实用性,经济上的合理性、赢利性,实施上的可能性、风险性进行全面科学的综合分析,为项目决策提供客观依据的一种技术经济研究活动。[4]出版社选择项目需要遵守哪些原则呢?

1. 单个项目目标与出版社战略目标统一的原则。以往出版社进行选题论证,更多关注选题本身,是一种短期行为,或者是编辑的个人行为,割裂了单个选题与出版社整体发展之间的关系,难以形成出版社的合力和长期发展的实力。在这个问题上,美国著名的出版家小赫伯特·贝利在其著作《图书出版的艺术和科学》中有论述。他提出了"宏观出版"与"微观出版"的概念:宏观出版指

"整个出版社的全部工作和全部出版物"[5],微观出版指"对于一本个别的图书所作决定的种种考虑"[6]。这两个概念,启发我们思考出版工作中的单个项目与出版社的战略目标之间的关系。

在项目管理知识体系中对项目管理还另有一种诠释,组织日常项目运行的目的其实只有一个,即实现企业的战略目标。由此可见,企业实施项目管理的最终目的是实现企业的战略目标,或者说,企业长期的战略目标是通过具体的项目来逐步实现的。因此,企业进行具体项目论证时,要求具体项目服从企业整体战略规划,即把具体项目目标作为企业战略目标实现的基础。这就为项目化管理的出版社,选择具体项目找到了理论依据:具体项目是否与出版社相对较长期的战略目标统一,是选择过程中首先应该考虑的问题。正如贝利在上述著作中指出的,"每一家出版社既涉及宏观出版也涉及微观出版,而且出版商的主要任务之一就是协调这两种紧密联系的有趣活动。"[7]"微观出版的决策必须受宏观出版的指导,它必须与宏观出版的总体框架相适应。"[8]

2. 正确、公开、科学扩大经济效益的原则。项目管理是精细化管理的规范方法,是以财务管理为核心的管理体系,对长期忽视经济管理的中国出版业,有着指导和校正的作用。在计划经济条件下的中国出版行业,由于没有经济效益的压力,在项目选择时缺乏经济效益的调查、论证机制,缺乏科学预测经济效益的方法,没有真正做到双效统一。出版行业优先考虑社会责任是毋庸置疑的,但科学扩大经济效益同样重要,这是企业生存发展的条件,合理、合法地追求利润是企业经营的根本。特别是在"事改企"的转型时期,出版社尤其要重视正确、公开、科学扩大经济效益的原则。只有科学经营,才能更好地保持高格调、高品位的出版内容,有效满足读者的精神文化生活需要,才能更好地传播科学文化知识,才能更好地使社会效益与经济效益和谐统一,并寻求以社会效益为最高准则的经济效益最大化。

3. 力求提高出版社核心竞争力的原则。出版社选择出版项目有近期和远期的目的,近期主要考量项目本身的赢利能力,远期主要衡量对出版社核心竞争力的贡献。一个注重长远发展的出版社更为重视长远的利益,对项目的选择有所为有所不为。有所为的是出版社的优势领域,通过强化优势形成特色,塑造其他出版社无法模仿、无法超越的能力。因此,明确出版社自身的优势和特色,正确选择相关的项目,对于保证选题的方向和质量,是至关重要的。例如,20世纪80年代,人民卫生出版社在全面评估自身优势和出版社发展方向的基础上,进行了全方位的市场调查研究,进一步明确了该社选题和出书指导思想:突出特色,发挥优势,抓住重点,着重出好"三高一长"[9]的医药卫生图书,为医疗、教学、科研和农村卫生工作第一线服务。为此,该社规划了"八大系"[10]骨干工程图书选题。多年来,人民卫生出版社获得国家图书奖、全国优秀科技图书奖的图书均在这八大系之中,品牌书、畅销书、赢利书也在这八大系之中,取得了良好的社会效益和经济效益,在科技出版界占据了领先的地位。这八大系图书,至今仍在医学图书市场上占有较高的份额。可见,出版社通过进行优势项目选择,能够合理运用现有资源,提高项目实施的成功率,从而提升出版社的竞争合力。

4. 以项目持续开发带动品牌战略的原则。除了新选题的策划和论证外,旧选题的深度开发和整合亦是形成品牌的重要途径。选题重版率[11]一定程度上反映出选择项目的水平,较高的重版率可以提高出版社的工作效率和业绩。因为重版选题的工作量一般比新书少得多;其姊妹版[12]由于有前一本书的投石问路,市场销售相对较有把握。所以,充分挖掘、整理、扩充旧选题能够产生事半功倍的效果。出版社应该随时留意自己的旧选题,看看是否适于修订再版,或扩充出版其姊妹版本。对于一个新的选题,也可考虑是否有必要扩展成套书,形成一个系列。有的选题单本书的销售势头有限,而以套书推出会更好销,如中小学的教辅书,整套推出往往比单本销售更容易占领市场。

二、项目选择方式的设计

我国的出版社都有近似的传统论证方式,这种方式与项目选择方式有着本质的不同。对于实施项目化管理的出版社来说,重新设计选择方式十分必要。

出版社传统的论证方式分为"三级"。第一级论证是编辑提出选题并进行调研,在调研的过程中进行比较和取舍,然后在编辑部的范围内交流和论证;第二级论证是把各编辑部的选题拿到出版社论证,通常的程序是编辑部介绍选题、发行人员介绍市场的情况并根据自己对市场的把握提出市场预计销售的预测,出版社分组讨论,汇总讨论情况提出本年度的出书计划;第三级论证是出版社领导班子在全社意见的基础上,最后研究决定年度出书方案。为了提高论证的准确性,有些出版社在第三级论证之前,还分别召开专家论证会、读者论证会、销售渠道论证会,汇总不同方面的信息后,社领导再作最后决策。

传统选题论证方式的基础是个人的经验和判断。不论论证分为几级,其决策的基础还是个人的经验和判断。一级论证的基础是提出选题编辑的个人的经验和判断。二级论证的基础是编辑部所有编辑个人经验和判断的加和。三级论证的基础是出版社领导成员个人判断的加和。如果有专家论证、读者论证、销售渠道论证,那么,还是这些人员个人判断的加和。随着论证人员的增加,出版社对市场信息捕捉、听取的范围、渠道逐步扩大,但仅仅是获得信息的范围在扩大,搜集、整理信息的方法没有更为科学的改进。结果是把少数个人的判断相加变成把更多个人的判断相加,其决策基础还是个人的经验和判断。

传统的"三级"论证方式是出版社长期经验的积累,在图书出版不发达、出版量小的"卖方市场"时期,发挥了一定的作用。随着图书出版市场由"卖方"变成"买方",越来越多的图书被堆积在仓库里,说明这些图书并没有切合读者的需求,且出版社对市场和读者需求的判断存在问题;当这种问题不是个别现象而是普遍现象的时候,说明出版社选题论证的方式存在问题。笔者认为,以个人经验为基础的论证方式,有一个致命的不足,即缺乏科学搜集、处理信息的标准和程序,人为判断的方式完全依靠个人的经验,对人员的素质要求极高,不是一种可以普遍使用的方法。

与传统选题论证方式比较,项目化选择方式之所以科学,首先在于有一个统一的项目评估标准和选择机制。按照项目化论证方式进行选题论证的出版社,需要建立起统一的项目评价标准和评价标准排列顺序。有了论证的标准,可以对项目的可行性以及成本、资源、风险等要素按照统一的评价来衡量,突破了个人经验的局限;有了评价顺序,可以把评价标准进行优先级别排序,就能大幅度提高论证的准确性和科学性。出版项目评价程序有三个关键点:第一,评价出版项目的目标,分析与战略目标的一致性,保证选择符合出版社战略目标的项目;第二,进行市场需求预测,通过识别、淘汰低价值的、不符合市场的、多余的、执行差的项目,降低出版运营的风险;第三,通过统一的图书成本的预算标准,使出版社基本把握需要的资源数量,保证出版资源利用达到最优化,同时确保项目的水平控制在财务和资源能力之内,提高项目的成功率。出版社可以通过改进项目标准和项目优化选择排序等过程来提高项目选择的准确性,不断提高出版社的管理水平。

总之,项目化论证方式以标准化保证项目选择的科学性,最大程度降低项目实施的风险,提高项目的效益和效率;同时,又最大限度地服从出版社整体发展目标和规划,保证出版社的可持续发展。项目化论证方式相比传统的选题论证方式有很大的进步和优势,但项目化论证方式给出的是方法,操作时需要结合出版社的具体要求,比如对标准化的界定,各出版社会有不同的要求,需要使用者具体研究和实践。

三、项目选择程序的设计

传统出版社对选题的论证普遍采用由低到高的次序,从编辑、编辑部到出版社领导(现在扩大成选题委员会)依次决策。出版社选题委员会一般由社领导、编辑部主任、资深编辑、销售部和出版部主任等组成。他们定期或不定期召开选题论证会议,对选题进行充分的论证和分析,最后通过无记名投票方式,按得票多少决定是否列入出版计划。这种程序的过程似乎没有问题,但结果却大大增加了出版社的经营风险。

　　实际操作中,对于落选选题,有的出版社实行选题风险共担制度,即对选题论证没有通过的选题,给予编辑自主选择的权力。如果编辑仍坚持保留选题,可以列入出版计划,但是编辑必须向出版社交纳一定数额的风险资金,承担一定的决策风险和投资风险,同时对项目收益也按比例分成,编辑类似于项目投资人的角色。还有的出版社根据自身的实际情况和发展的需要,对本社选题的"发展领域"做出明确的指向,即保持或扩展什么领域,进入或开拓什么领域,限制或禁止什么领域等。编辑部在出版社规划的领域内,与出版社签订目标责任书,双方共同投资、共同受益。这实质是一种风险和利益共担的雏形。这种做法已经开始包含项目管理的因素。

　　为了设计项目选择的程序,首先必须明确风险责任主体,因为选择程序设计和风险承担主体的确定有直接关系。这一点国外有成功的经验。在国外,有大量的图书策划人或者称出版中介商游离于出版社,他们独立策划选题或者代理作者的作品,是出版社重要的选题来源。出版社则有成熟的项目经理人,负责编制出版计划并实施。图书策划人和出版社共同承担出版的风险,共同分享出版的利益。出版社还可以把具体的项目和项目经理直接挂钩,项目主体明确而具体。在这种条件下,出版社论证选题的程序基本分两个层次,一是以出版人为主导的决策层讨论出版方向,二是对策划人或代理商提出的选题进行论证和选择。

　　国内现今处在转型阶段的出版社,还缺乏一批成熟的项目经理人,还不能够独立担当项目执行的后果和责任;社会中也没有形成有规模的图书策划或代理人群,不能采取上述的组织形式。但可以采用一种过渡的方法,即从出版社选择一批具有组织和经营意识的人员作为策划编辑[13],策划编辑从事策划人和项目经理的部分工作,主要负责策划人工作中关于市场调研的工作和项目经理的分析、计划等工作,协助职能部门进行项目实施。综合以上实际情况,我们把项目选择的程序设定成三个:第一,出版社制定出版计划。出版社制定年度或中长期的出版规划,限定出版方向和出版规模。第二,策划编辑按照出版计划进行市场调查,提出选题出版的理由,完成项目论证申请书。第三,根据事先拟定的项目选择标准,出版社对提出的选题进行选择。

四、项目选择标准的设计

建立科学的项目选择制度的关键之一,是完善项目预测的内容,减少项目实施的盲目性。预测制度至少应包括以下几个方面:项目发起人的专业素养和组织协调能力评估;项目的必要性和可行性评估;市场分析与市场预测;投资估算与财务分析;不确定性与风险评估;社会效益与经济效益评估等。由于出版社规模、发展目标、实际情况的差别,项目发起人的素质、社会效益、指标顺序等没有固定的标准,这里仅以市场预测、风险评估为例进行说明。

市场预测应包括:①图书需求预测,包括图书最低需求量和市场需求潜量的预测。②图书销售预测,包括图书销售额和图书销售寿命的预测。③图书成本预测,即以本社的管理费用、编录费用、印制费用、销售费用等为依据,对图书成本进行测算,对于超过成本的一般选题暂缓考虑,但对于确有市场前景和发行潜力的选题,以及基础学科、前沿学科的选题,应予以通过。④图书赢利预测,即根据该选题预测的销售数额和成本数额等,预测其赢利数额。⑤图书质量预测。图书的批量生产的特性和不可逆转性,会使出版投入的预期与图书的实际效果构成矛盾。所以,必须进行质量控制预测,提出成品预计达到的标准和保证标准的条件。比如,作者的选择,即判断作者是否所论证选题最合适的撰写人。根据不同的读者定位和市场定位做出判断。如理论著作需要具有较高学术水平的作者,而普及类读物则要选择文字表述生动有趣的作者。需要提交论证的内容应包括:①选题的基本内容,总体框架,主要特色;②选题出版的意义和价值;③主要读者对象和兼顾读者对象;④作者情况;⑤出版形制;⑥市场上已经出版的同类书的出版、销售情况;⑦图书的篇幅、印数、定价及成本;⑧对图书盈亏的估计,对图书初印数、销售量、销售档期的设计;⑨营销方案;⑩图书后续开发情况分析。

风险评估主要包括:①出版政策风险评估。即对选题涉及的内容与出版政策在选题实施过程中或出书后会遇到不确定变化而带来的风险进行评估。②出版实施风险评估。即选题在实施过程中不能按照选题论证中的运作计划进行,出现选题运作失败或偏离计划的风险的评估。③出版投资风险评估。即选题运作过程中资金流动、控制及与合作经营者之间利益分配等方面的风险的评估。④出版时机风险评估。即出版时机变化而给图书营销带来的风险的评估。⑤选择作者风险评估。即作者的创作能力和市场号召力选择带来的风险的评估。⑥编辑加工、制作的风险评估。即对因编辑、印制质量的问题带来的市场销售的风险的评估。⑦定价风险评估。即对因图书的定价过高或过低带来的市场销售的风险的评估。⑧印数风险评估。即对图书初印数、销售量、销售档期的估计不当产生的风险的评估。⑨营销风险评估。即对营销方式、手段、策略发生偏差而产生的出版风险的评估。⑩后续开发风险评估。有些图书的初次市场效益非常好,但后续开发的情况却出乎意料,说明后续开发风险很大,需要慎重,否则,可能前功尽弃。一般来说,预计会带来较高利润的选题,其风险也会较高。在选题论证中对风险愈能充分预测,就愈能最大限度地避免和控制风险。

第二节　出版社项目化管理的组织机制

出版社的组织结构是其内部的构成形式,是出版社部门设置和运行的支撑,决定了资源的组合模式,决定着信息的传递模式,也影响着人员效用和工作效率的发挥。综合国外的情况,目前出版社的组织结构主要分职能型、项目型两种。笔者根据出版社的具体生产组织程序和国内外出版社的现实状况,分析出版社分别采用这两种组织结构需要考虑的问题和条件,并在此基础上设计了出版社第三种组织结构——矩阵型组织结构,供改造组织结构的出版社参考。

一、出版社传统职能型组织结构分析

国内传统出版社的组织结构是职能型的。职能型结构的本质是按照业务职能划分部门,单位对各职能部门进行管理,各职能部门相对独立地开展工作,部门负责人将工作分给个人。我们可以从传统出版管理的组织结构图进行分析(图5-1)。

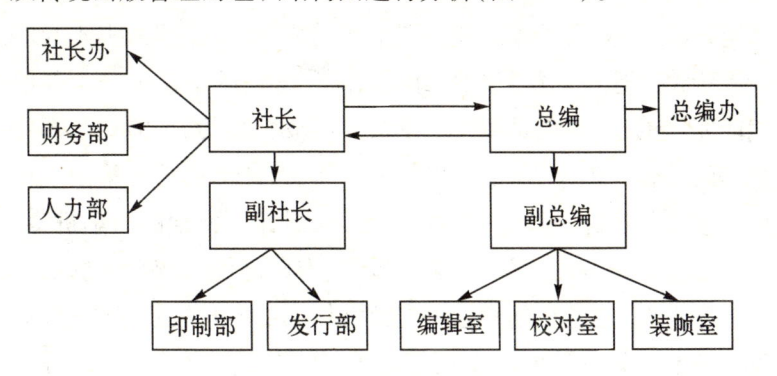

图5-1　出版社职能型组织结构

出版社职能型组织结构是按照出版业务分段管理的思路来设置部门的,大致划分为编辑部(含校对和装帧)、出版部、发行部。每个部门独立计划、分配、协调本部门负责的工作,部门之间的关

系不够紧密。

从图中可以分析出这样几个特点:第一,出版社的传统管理结构是自上而下的金字塔式。社领导构成出版单位的决策层,最高决策者通常有两人——社长[14]和总编辑[15],他们从不同的角度对出版社的发展进行决策。出版社的社长主要考虑经营问题,总编辑主要研究选题的结构并负责组织书稿加工,他们的决策靠分管的职能部门来执行。第二,部门负责人形成出版社的管理层。具体负责本部门工作实施和部门之间的协调,各部门之间是平行且独立的。第三,出版社把所有工作任务分段划归不同部门。部门按照工作量安排工作人员,工作人员只负责完成自己的任务,无权调配部门的资源。第四,管理过程中的信息必须经过两次传递。工作第一线的员工了解信息后层层上报,决策层制定方案后再层层下达。

在出版社职能性的组织结构中,每一项业务职能有一个专门的部门,资源分散在各个部门。各部门员工的工作内容仅仅局限于那些直接与本部门相关的业务,如编辑人员大多只关注如何加工好书稿,很少了解图书的上架率以及销售、退货、库存情况;而发行人员更多地关心图书的销售,很少了解图书本身的内容价值。这种职能导向的组织结构,适合运作在某一个部门就能完成的项目,或是那些可以被分解成独立的、不需要跨部门合作的项目。但是,从图书出版的本质讲,图书的选题策划不仅仅是简单的选题设计、内容写作、版式、封面等要素的简单拼凑,还要包括市场调研、图书产品的包装、推广宣传、营销、市场信息反馈等工作,它是在创意思想向图书作品的转化实践过程中,对各个环节预先进行的一系列策划设计。从这个意义上讲,每一个选题都是一个跨部门的"项目",若在职能型架构下运作,质量和效果很难保证。由于资源掌控在各职能部门,使得完成项目的整个过程增加许多协调的工作,可能会出现诸如周期无法保证、资源配置缺乏、成本无法控制等许多问题,致使有些好的选题错过最佳出版档期,或营销宣传力度不够而影响到经营目标的实现。

按部门管理的职能型组织结构的最大优点是部门内的资源可以综合利用,适合部门之间关联度小的组织使用。如果运用到项目化管理的出版社,致命的缺点主要有三个:第一,信息传递方式落后。金字塔型的结构决定了出版社信息反馈的路线长、环节多,面对市场反应慢,导致贻误市场先机。第二,部门之间协调困难。容易造成扯皮和推诿,割裂了项目内部质量、进度、成本之间保持平衡的环境,降低了项目的效率和效益。第三,责权利主体不统一。多部门担任出版的主体,使得项目单独核算十分困难,从而造成吃"大锅饭"的局面,不能充分发挥人的积极性和创造性。

出版社传统管理模式的症结在于采用了和项目运营冲突的职能型管理结构,却不能抹煞图书出版固有的项目化特征。于是便人为地把项目的责任主体转移到编辑身上。这个编辑不仅是文字内容的把关者,还担负出版过程的协调责任,这样的编辑称为责任编辑。传统出版社一直实行责任编辑制度,每个选题自下而上提出论证被通过后,责任编辑按照出版流程送各部门运转。事实上,在传统出版社管理模式中,各部门按编印发环节归属不同的社领导管理,部门之间冲突时直接由主管的社领导协调。责任编辑作为编辑部的普通员工,对部门内外的人力、物力资源都无权调配,对进度、成本、发行、经营的情况也不能调控,不可能尽到规定的责任,这项制度因管理模式的限制而流于形式。造成这种状况的根本原因是忽视出版管理应以项目为对象的内在要求,用职能型的组织来执行项目化的任务,结果使出版社的目标无法实施到位。

传统出版社的管理模式是计划经济体制的产物。计划经济时期,我国出版社被人为赋予"事业性质,企业化管理"的定位,实质是按管理事业单位的方式管理企业。目前,我国绝大多数出版社仍然是直线职能型组织结构,包括已经转变体制的出版社,仅仅是办理了名称更换和人员身份置换的手续,出版社内部的组织结构还属于典型的职能型结构。这种结构条块分割、按部就班、先天不足,不仅使出版社日常运作缺乏市场依据,也使科学管理难有实质性的进展。

二、出版社项目型组织结构分析

项目型组织结构是国外出版社普遍采用的。这种管理模式的最大特点是以项目为管理对象,项目管理的责任主体、实施主体、协调主体明确统一。出版社的一切工作围绕项目进行,出版社的管理目标是营造有利于项目实施的环境。

我们首先分析西方出版社按项目进行管理的组织结构(图5-2)。

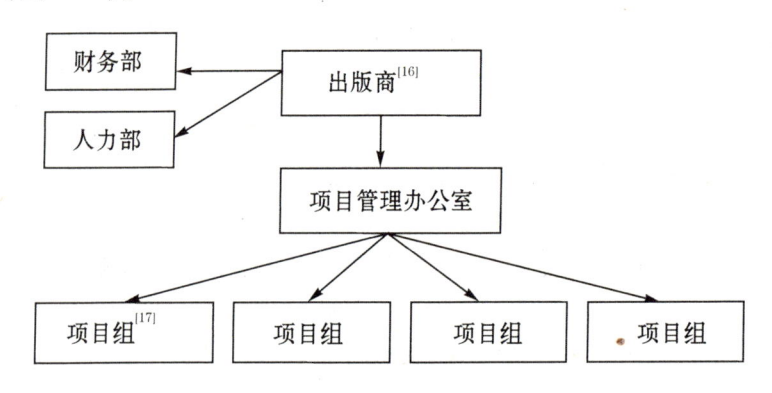

```
         财务部  →  出版商[16]
         人力部  ↗      ↓
                  项目管理办公室
              ↙    ↓    ↓    ↘
          项目组[17] 项目组 项目组 项目组
```

图5-2 出版社项目型组织结构

从上面出版社项目型组织结构图示可以看出项目型组织结构有三个特点:第一,最高决策者与执行者分离,项目执行过程中的问题在项目团队内解决,缩短了信息传递的时间。第二,项目管理办公室履行项目管理的诸多职能,整合了多个职能部门,管理层次少、效率高、成本低、质量好,可以有效提高项目的成功率。第三,项目组的责权利高度统一,有利于项目的激励和管理,比较适合项目化的组织使用。

不仅理论分析如此,国外出版社的实际运用也证明了按项目管理的模式比按部门管理的模式具有更高的效率。目前,西方出版业从只有一个项目的出版公司到跨国的大型出版集团公司都使用了这种组织结构。如果出版商为一个出版项目而登记成立出版公司,公司可以随项目的结束而解体。如果是长期存在的小型的出版公司,同样是围绕项目决策,出版商和项目组中间需要设立项目管理办公室,负责出版社重大问题的民主讨论,有着沟通、协调、监督、考核、奖励、改革等工作内容,管理整个企业范围内的项目。如果是大中型的出版公司,则分成若干项目型子公司,子公司出版商是本公司的决策者,下面是项目组负责项目实施,出版商的一切决策均以项目为中心,母公司通过对诸多子公司的管理达到企业层次总体战略目标的实现。

项目型组织结构比较适合项目化的出版行业,但同样需要有相应的环境和条件。国外出版行业完全企业化,从体制到机制完全市场化,在管理操作中可以使用完全项目化[18]的模式且效果良好。但在目前我国出版市场机制不健全、出版社人员不能随意增减的情况下,如果采用项目型组织结构,会出现项目实施中资源独占的现象,即出现生产量大时资源不足而生产量小时资源闲置的问题。

笔者根据研究认为,按照中国目前出版行业的实际情况,出版社组织结构可用一种过渡形式,这种形式可以叫作"出版社矩阵型组织结构"。

三、出版社矩阵型组织结构设计

矩阵型组织结构是介于职能型和项目型之间的一种过渡性组织结构。相对于传统职能型组织结构,它增加了项目经理办公室和专职的项目经理,用于具体项目的管理;相对于项目型组织结构,它保留了职能结构中的部室设置,发挥了部室的职能,当项目开始时,项目组的成员可以从相关部室中选调。

笔者结合出版社的生产程序,设计了出版社矩阵型组织结构(图5-3)。

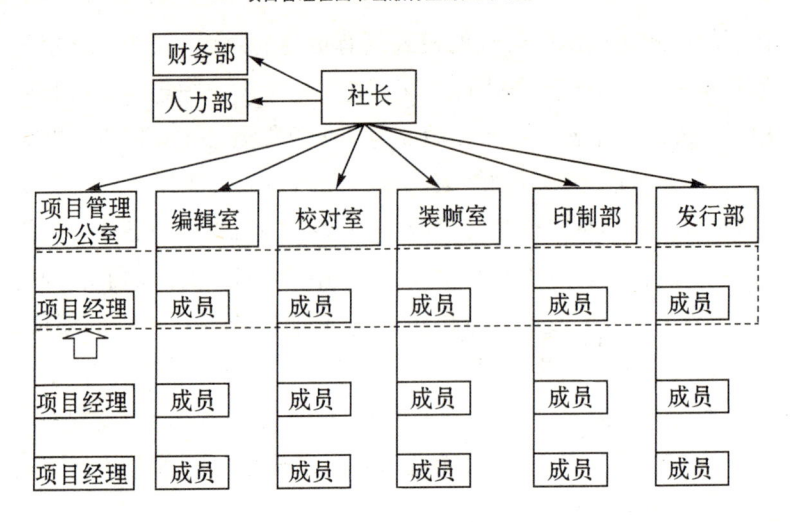

图 5-3 出版社矩阵型组织结构

在出版社矩阵型结构中,相比传统职能型组织增加了与各职能部门平行的项目管理办公室并拥有专职的项目经理。由于有了专门的组织和人员负责管理项目,项目管理能够作为出版社的长期生产组织方式存在,并能够不断地积累经验、不断地完善发展。项目经理不是根据项目临时任命,而是成为常设岗位,这样从组织上、人员上使项目管理实施得到了保障。

矩阵型组织的工作部门分为两大类。一类按纵向设置,保留了按照职能设立的工作部门,这些部门对生产流程中的部分业务进行研究并管理和培训相关人员,为项目提供支持和保障,是长期存在的;另一类按横向设置,是按照项目需求、由相关部室中选出的人员组成的项目组,项目组随着项目的开始而成立,随着项目的结束而解散,是临时的组织。相对于职能型组织,矩阵型组织弱化了项目主体缺失的问题;相对于项目型结构,矩阵型组织中的人员相对稳定,在项目结束的时候回到原部室,缓解了目前国内出版社人员不能完全市场化的问题。矩阵型结构中,职能部门负责人对参与项目组的人员有业务指导的责任,项目经理对项目组人员有直接管理的责任。项目经理将参与项目组的职能部室的人员在横向上有效地组织在一起,直接对相关项目负责,而职能经理则为项目的成功提供所需的相关资源。虽然,矩阵型组织解决了现今阶段我国出版社存在的相关问题,但并不是最好的组织结构。因为,矩阵型组织对项目的管理程度不及项目型组织,其效果也略逊一筹,其发挥的效能介于职能型和项目型之间。

我国目前实施项目管理的出版社,是不规范的矩阵型组织,仅设置了策划编辑的岗位,而没有专职的项目经理,也没有建立项目管理办公室。策划编辑承担了项目经理的大部分任务,负责项目的组织实施和协调,具有矩阵型组织的功能,但对项目的管理力度和功效,会由于人员和组织上的缺陷受影响,不妨称为设有策划编辑岗位的矩阵型组织(图5-4)。

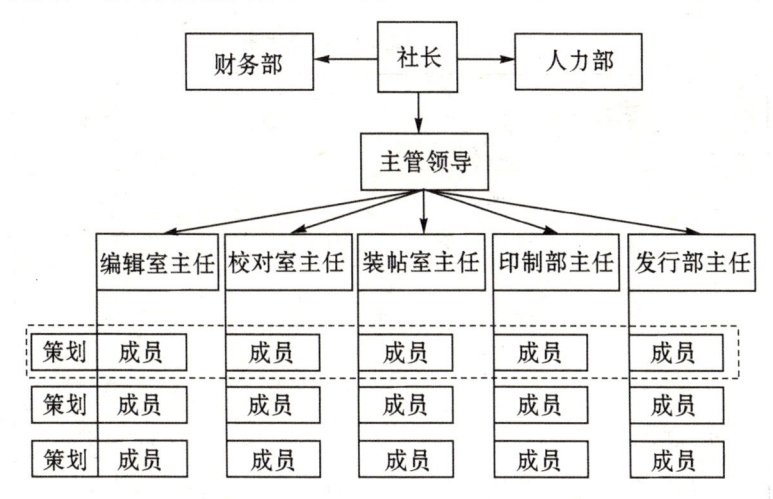

图5-4 设有策划编辑岗位的矩阵型组织结构

在实际运作中,出版社设立了策划编辑的岗位,负责对具体项目的管理,策划编辑有一定的权利安排参加项目人员的工作。其他各部门委派的成员不仅要向本部门报告,在项目过程中还要向策划编辑报告。由于策划编辑的出现,使项目实施得到了一定的保证,提高了出版项目的工作效率。但是,策划编辑与专职的项目经理仍有区别,策划编辑还隶属于编辑部,其作用的发挥受到一定的限制。因此,这种不够完善的矩阵型组织结构,只能作为一种过渡形式,一旦策划编辑队伍成熟,出版社要及时建立规范的矩阵型组织,保证项目运营的质量和效果。

四、出版社项目管理的组织结构选择

在前面,我们分析了出版社传统职能型组织结构,分析了西方现行的项目型组织结构,设计了目前我国出版社现实条件下运用矩阵型组织结构,供出版社选择。然而,出版社选择合适的组织结构并不是轻而易举的事情,需要从组织结构本身和出版社现实情况两个方面考虑。

笔者从管理对象、存在环境、组织特点等方面将三种组织结构列表对比(表5.1),帮助出版社了解三种组织结构的特点,分析使用的条件。

表5.1 三种组织结构对比表

类型 内容	项目型	职能型	矩阵型
管理对象	项目	部门	项目
存在环境	快速多变	相对稳定	快速多变
组织特点	柔性	刚性	平衡性
人员管理	临时	固定	部分固定
任务要求	个性化	一般化	个性化
资源配置	随机	平均	部分随机
适用体制	市场经济	计划经济	转型时期
管理思想	整体化	标准化	杂糅

表5.1列举了三种组织结构的主要特征,蕴含着选择组织结构必须考虑的要素。

第一,明确管理对象。以人为对象、以部门为对象还是以生产任务(项目)为对象,其管理手段、管理方法各不相同。事业单位是以人或部门为管理对象,而企业是针对项目过程而进行的管理,是对产品的管理。优质的产品是企业市场竞争的最有效手段,企

业管理以提高生产的效益和效率为目标,最终考核的对象是产品。所以,出版社转制为企业后,应该转对部门或人的管理为对生产过程的管理,应该选择矩阵型组织结构,再逐步过渡到项目型。

第二,了解管理环境。职能型组织结构更适合计划经济要求,项目型组织结构更适合市场经济需要。职能型组织结构可用于出版集团公司的内部管理。项目化管理以质量、进度、成本的平衡控制,顺应了出版管理的内在规律,有利于出版单位在市场化环境中使用。矩阵型杂糅了两者的特点,对管理环境的要求不太苛刻,是出版社转型时期的现实选择。

第三,考虑新旧组织结构的衔接。职能型组织不利于项目管理,需要建立与之适应的项目型组织。但如果由职能型直接转向项目型,项目型组织结构与现行组织结构冲突较大,很难在短时间内建立并发挥作用。如何兼顾新旧组织的衔接,是我们必须面对的、客观存在的矛盾。从根本上说,出版业转向市场,应该打破职能型组织结构,建立项目型组织结构,但要在出版社形成适应项目管理的规章制度和企业文化,还需要一定的时间,要做很多工作,比如更新思想、统一认识、全员培训、调整分配机制等。在这个过程中,需要通过矩阵型(甚至是不完全矩阵型)等组织形式逐步过渡,才能达到较好效果。

第四,考虑出版社的客观现实情况。如果考虑项目管理力度,从一般的职能型组织结构,到矩阵型组织结构,再到基于项目型的组织结构,项目跨部门协调效率从低到高,力度由小到大。因此当出版社改革部门越多、涉及内容越新、涉及各职能部门利益越深、所需协调能力越强时,就越需要采用更能有效支持项目管理的组织结构。

总之,在职能型、矩阵型、项目型三种组织结构中,职能型组织与项目化管理之间会存在着较大的冲突,主要表现在资源竞争、目标期望等方面。例如在项目目标上,各职能部门总是希望更多地实现自己部门的目标,而从整个项目的角度来说,可能更关注项目整体效果,为此不惜牺牲部分职能部门的局部利益。在人员安排上,被职能部门委派参加项目的人,需要同时兼顾原部门和项目两方面的任务,而更多考虑的是部门的任务,项目的工作往往得不到保证。因此,实施项目管理的出版社,其职能型的组织结构必须改变。项目型组织结构最适合项目化的管理,但真正实施项目管理还需要有很多条件,比如,职业项目经理队伍、配套的激励机制、灵活的用人制度等,不是马上就能够实施的,需要有一个过程。

相比之下,建立矩阵型组织结构成本低,内部横向联系紧密,具有较高的机动性和灵活性,由于项目团队成员可以通过两条渠道向项目经理和部门主管反映情况,可以及时地发现问题,有利于控制潜在的项目风险,提高项目面对市场的反应能力。在基于职能型的组织模式中,建立矩阵型结构是实施项目管理的现实选择。

第三节　出版社项目化管理的工作机制

图书项目经理和项目组是图书项目管理的基础,是开展图书项目管理的骨干力量和直接执行部门。在转型时期,出版社的图书项目经理和项目组的性质、地位、功能、职责等,需要有清晰的界定。

一、图书项目组的工作机制

出版社建立图书项目组的形式主要有两种:一种是承包制;一种是委托制。

承包制的图书项目组是相对独立的一个综合性责任单位。承包制的图书项目组和出版社更多的是一种经济合同关系。当项目组获得了图书出版的承包权,就对这个项目负全部责任,包括项目的实施和管理,出版社则按照合同规定兑现承诺。

承包制是出版社与图书工作室[19]合作的常用形式。出版社和工作室通过合同界定合作方式和利益。工作室内部的机制市场化程度比较高,项目化运作是其基本的运行形式。出版社也借用工作室的灵活机制和快速应对市场的能力,出版一些市场亟需但出版社人力不及的图书。在调研中发现,随着工作室与出版社合作的增多,项目化的组织形式会越来越多地深入影响出版行业,预计在未来出版业强调集团化、专业化的过程中,这种承包制还会更为盛行。

委托制的图书项目组是出版社内部的管理组织,在行政上隶属于社长和总编室,服从出版社的全面领导。当一个选题提上议程以后,由社领导委任项目经理,项目经理直接对社领导负责,项目经理再寻求需要的成员加入项目组。现阶段,多数出版社在改革中是部分地使用委托制,针对重大选题和系列教材图书组成项目组,项目组存在于图书项目寿命周期全过程,随着图书项目的立项而成立,随着图书项目的终结而解体。当一个项目组因某个项目而成立时,为了保障项目不流于形式,需要以规范的项目文档来明确项目经理和项目组成员的角色和工作任务。社领导明确授予项目经理应有的管理、控制、监督项目和调配、管理项目组成员的权力,包括计划、组织、控制、协调、指挥等方面。

承包制和委托制这两种形式与出版社的关系虽然不同,但项目组内部的工作机制却是相同的。项目组是项目的承担主体,其责权利不能全部由图书项目经理承担,而应该由图书项目组来承担。当然,图书项目经理在其中占有较大的比例。项目本身是由一系列任务构成的,图书项目所有参与者的目标就是要有效地完成这些任务。为此,必须在图书项目组内把任务分解到个人,同时赋予责任人完成任务的条件和资源,这就是授权;还要有保证计划贯彻执行的、完整的监督和奖惩制度体系。项目组的机构设置不一定要齐全,但其功能必须是完备的,有时几项功能可能由一个人承担,也有几个人共同承担一项功能的情况。这些功能和任务由成员根据责权利统一的原则分别承担。

二、图书项目经理的工作机制

如何认识图书项目经理的地位和作用。在出版社内,图书项目经理是出版社法定代表人在图书出版项目上的代理人。受出版社法人的委托,对图书项目出版的全过程全方位负责,两者之间是代理与被代理的关系。图书项目经理必须在出版社法定代表人授权范围、内容和时间内行使职权,是图书项目责、权、利的代表。责任是项目经理责任制的核心,它构成了项目经理工作的压力,是确定项目经理权力和利益的依据。权力是确保项目经理能够承担责任的条件和手段,权力的范围依项目经理的素质及责任而定。如果没有权力,项目经理也就无法开展工作。利益是项目经理的报酬,是项目经理与项目效果保持一致的纽带,也是项目经理工作的动力,项目经理的利益根据项目的效果而定。

图书项目经理是图书出版项目的组织者,对各阶段的活动与任务全面负责。图书项目经理是图书项目的管理者,受出版社委托,对图书项目全过程进行管理。为完成图书项目目标,尤其是进度、质量、成本等目标,项目经理必须对图书项目管理的全过程进行组织协调,组织实施图书项目的目标管理、合同管理、信息管理,组织开展图书项目出版过程的各项活动。项目经理通过发挥决策、组织、策划、控制、指挥、协调等职能,成为项目管理的核心人物。

事实上,处在转型阶段的出版社,还缺乏一批成熟的项目经理人。在这种情况下,出版社可以采用一种过渡的方法:设立策划编辑岗位。策划编辑从事策划人和项目经理的部分工作,负责项目的分析、计划、协调等工作。重点在于项目实施前期的论证和计划,提供出版社论证项目需要的所有资料,并有权在社内选择项目成员。项目实施主要由印制、发行等职能部门来推动,他们按照策划编辑的计划,协助完成项目的组织和控制工作,帮助策划编辑尽快完成文字编辑以外的业务,在出版社的范围内,为项目组成员和项目负责人创造条件。

策划编辑与国外策划人不同，与国外的项目经理也不同，他是出版社转型时期出现的符合实际需要的岗位。策划编辑与国外的策划人的区别是：策划人是根据自己的资源自主策划选题，然后寻找适合的出版社合作。这和我们的自由来稿的作者有些相似。作者把选题或书稿交给出版社，出版社进行是否出版的论证。策划人不再参与内容修改之类的工作，他仅仅为出版社提供稿源。而策划编辑是在出版社指导下设计选题，根据出版社要求去了解市场情况，为决策者提供依据。在选题论证后，对通过论证决定出版的选题，进行部分工作的策划，指导文字编辑和印制、发行部门执行项目计划。

策划编辑与国外项目经理的区别主要在于：国外的项目经理可以完全主持项目的计划和实施，他指挥一个独立的运作组织。出版社对项目经理的控制体现在选择上，一旦出版社选择了项目和项目经理，项目经理即和出版社签订协议，双方按协议执行。项目经理不属于固定的出版社，他还可以与其他的出版社签订协议，属于若干家出版社。策划编辑是出版社的固定职员，按照出版社的要求负责部分工作，出版社赋予其高于一般编辑的责任和权力，但不及项目经理的责任和权力，是出版社由计划经济到市场经济的过渡，是出版社为加强对市场的了解和把握而设立的岗位。策划编辑在我国出版代理机制不健全、出版社项目化程度低的情况下，代替策划人和项目经理做了部分工作。

图书项目经理的工作是与其岗位职责相适应的，主要有以下几项：

第一，市场前期调研。我国现有大小出版社500多家，每年出书十几万种，每一类书、每一种书都有不同的读者。面对如此庞大、细分的市场，作为一个项目经理，如何找准自己产品的市场定位，如何使自己的产品在竞争中占有一席之地，是一个需要深入研究的问题。所以，市场前期调研工作十分重要。这种调研不单是简单地了解市场，它要求项目经理经常到图书市场上开展实地调查,去发现、了解读者的深层需求。一般来说,大多数读者对自己需要读什么样的图书并不是很明确,主要凭着他的阅读兴趣去寻找。项目经理要通过市场调研,发掘出大众共同的阅读兴趣,找准自己产品的卖点,进而引导读者选择。如果项目经理有敏锐的观察力和准确的判断力,尤其是对图书未来走势的预测能力,能准确预测到未来读者的购买兴趣点,那么提前着手,早走一步,其产品肯定受市场欢迎。

第二,立项。项目经理通过市场调研后,初步确定选题,着手立项。在立项过程中,需要组织有关专家学者、发行人员、书店销售人员进行讨论,从而丰富、完善选题的立项申请书,同时,对项目运行过程中可能出现的问题提出明确的意见,做好项目风险的防范工作。项目通过论证确定出版后,立项工作完成。

第三,决策。包括财务决策、人事决策以及图书项目重大方针政策的决策。如图书内容结构的设计、作者队伍的选择、读者队伍的定位、项目人员的聘任、合作队伍的使用、资金使用的方向等。项目经理要制定项目日程安排表,分配好时间,确定项目最终完成的期限;根据人员工作特点和能力不同,分解工作任务,明确每个人的工作目标;做好资金预算表,严格预算运营成本;预测经营情况和收益,估算经济效益。与此同时,项目经理还要积极与上级管理者沟通,听取他们对选题的意见和建议,争取紧缺的出版资源。

第四,实施管理。任何计划都要随现实实际情况的改变而改变。虽然有周密的思考、完整的运营计划,但在实际工作中往往会有意想不到的事情发生,这就要求项目管理者随着项目的进展不断调整,使出现的问题不致影响到最终目标,同时监督运营中的各个环节,以保证项目顺利实施。项目经理通常采用召开项目会议的方法,协调、督促项目进行。项目会议的重要作用在于它在项目开展中能集合大多数人的思维,并且让多数人积极主动参与到项目中,而不是被动地完成任务。

第五,宣传促销。项目的促销宣传贯穿项目管理工作始终。

在项目开始操作时,项目经理就必须考虑市场的培养、引导工作,如果等到书出来后,再做宣传促销工作,就缩短了销售期。在这方面,笔者所在的出版集团就有很好的经验。河南文艺出版社在出版《大秦帝国》第一部时,没有进行相应的宣传营销,发行情况不十分理想。在第二部出版过程中,出版社主动与中华读书报、新浪网等媒体联系,全面介绍该书的作者和内容,引起了国内图书市场和广大读者的关注。至《大秦帝国》第三部出版,国内的报刊和网络主动进行连载和推荐,引起了影视公司的兴趣。经过几方商谈,拍摄了电视剧《大秦帝国》,同时创办了大秦帝国网站。2008年,当出版社将六部《大秦帝国》整体推出时,报刊、图书、电视、网络争相报道,读者反响很大,市场销售逐步升温。至2009年10月,已经整体销售5万余套。对于一套500余万字的小说来说,这种现象的出现,是十分可喜的。这个例子充分说明一个项目的运作前期、中期、后期都是相互联系的,而项目管理者对此要有全盘考虑,根据每一时期的不同情况,制定实施不同的宣传促销方案,最终实现预期的目标。

第六,项目总结。项目管理者通过撰写项目总结报告,分析得失,总结管理项目的经验教训;通过了解读者信息,核实发行数字、库存情况,考虑是否加印等,为项目的后续开发工作打好基础。

根据项目管理的工作要求,结合图书出版的特点,一个合格的图书项目经理,还应做到以下几点:

第一,图书项目经理需要具有现代出版观念。主要包括经营观念、市场观念、团队观念。图书作为商品,必须从经营商品的角度出发,按照市场经济规律运作。出什么书,怎么出,是否有经济效益,不是出版社主观决定的,而是由市场需求决定的。图书盲目出版只会带来库存和积压,影响出版社的发展。图书项目从市场调研、确定选题、组稿、审稿、校对、设计、排版、印刷到发行要经过许多环节,这其中任何一个环节出了差错都将影响到该书的最终效果。因此,作为图书项目经理,要具有团队观念,具有合作精神,把每个环节的人员组织好,使他们充分发挥自己的积极性,保证项目顺利实施。

第二,图书项目经理还需要一定的工作技能。主要包括相关的知识储备,熟悉图书出版程序和业务技术,了解国家制定的出版政策、法规和纪律,还需要具备较全面的能力,比如管理能力、交流沟通能力、协调能力、应变能力,并有一定的项目管理经验。

第三,图书项目经理要通过专业培训,取得国家主管部门统一颁发的图书项目经理资格证书。项目管理在一个行业应该有统一的认定标准,图书项目管理需要通过专业的培训,取得专业证书。

另外,项目经理的工作环境和成长环境也非常重要,出版社要创造有利于图书项目经理不断进取的培养、奖励机制。图书项目经理的培养应该走职业化的道路。对于项目经理的培训和分级,国内外都有相应的认证培训机构。在国际上有美国项目管理学会PMI推出的项目管理人员PMP专业资格认证;国内也出现了国家外国专家局、清华光环等项目管理培训机构。图书出版项目经理应该经过专业机构的培训,具有专业认证机构颁发的资格证书,真正成为职业化的经理人。

图书项目经理的奖励包括奖金和对突出贡献的表彰。图书项目经理的奖金根据图书项目承包各项指标和任务的完成情况,按出版社的规定兑现。如果指标未按要求完成,可根据奖罚条款扣减风险抵押金。图书项目经理有特殊贡献时,如图书获国家级或省部级大奖、出版了畅销图书,除按奖励条款兑现外,还可进行特殊的奖励,如推荐深造进修、晋升工资或职务、出国培训等。

注释:

[1] 白思俊.现代项目管理理论概论.北京:电子工业出版社,2006年:41.

[2] 出版社一般以年度为核算周期,短期目标以1年为限。

[3] 出版社筹划、调整产品结构一般需要3年,打造品牌需要5年,所以,中长期目标以3~5年为限。

[4] 白思俊.现代项目管理理论概论.北京:电子工业出版社,2006:126.

[5] 小赫伯特.贝利著,王益译.图书出版的艺术与科学.石家庄:河北教育出版社,2004:67.

[6] 小赫伯特.贝利著,王益译.图书出版的艺术与科学.石家庄:河北教育出版社,2004:67.

[7] 小赫伯特.贝利著,王益译.图书出版的艺术与科学.石家庄:河北教育出版社,2004:68.

[8] 小赫伯特.贝利著,王益译.图书出版的艺术与科学.石家庄:河北教育出版社,2004:69.

[9] 高品位、高质量、高实用价值,长版不衰的医药卫生图书。

[10] 临床实用医学大系(12种)、基础医学大系(11种)、预防医学大系(12种)、中医大系(含现代中医大型著作和中医古籍)、药学大系、医学辞书大系、医学科普大系和医学彩色图谱大系。

[11] 重复印刷的图书称为重版图书,重复印刷的频率称重版率。

[12] 根据已经出版、市场反映良好的图书,策划出版的相关图书。

[13] 国外主要从经验丰富的资深编辑中产生,相当于把传统意义上的编辑分化成策划编辑和文字编辑。策划编辑负责整个项目的计划、组织工作,文字编辑仅负责文字的加工工作。

[14] 出版社的法人代表,相当于国外的出版商,主要负责出版社的经营。

[15] 中国出版社的人员设置特色,负责图书内容的把关和书稿审

定等工作。

[16] 决策者和所有者,对外承担一切风险和责任。

[17] 项目主体按与出版社的合同承担既定的权利和义务。

[18] 在项目管理要求的环境完全具备时,实施项目管理的理想模式。

[19] 图书工作室是我国图书出版发展的特殊形式,由于没有合法的出版权,只能与出版社合作出版图书。2008年,我国民营图书工作室已经发展到25,000余家,出版图书占据每年图书总量的半壁江山,是一支不可忽视的力量。

第六章 图书出版行业项目管理的相关研究

项目管理是精细的、具体的,可直接运用到单本书和出版社协调多本书出版的具体任务的管理中,而对于粗线条的、松散的出版行业管理而言不太适用。因此,本章所提出的图书出版行业项目管理的概念,主要是指建立推助项目管理的统一的资质认证体系和建立图书出版行业所必须的基础数据库。

第一节 图书出版项目管理的资质认证体系

一、项目管理资质认证的意义和作用

资质认证是推广、应用项目管理方法必不可少的关键环节,是对项目管理专业人员知识、经验、能力水平和创新意识的综合

评估证明；是资质认证组织代表政府或行业对具有项目管理能力、经验和职业水平的专业人员的认可；是推动项目管理标准化、规范化、科学化发展的有效途径。目前，国际项目管理组织都在推出各自的项目管理知识体系基础上，建立相关的资质认证体系。其中，具有代表性并已引入中国的有两种：第一种是由项目管理协会 PMI[1] 推出的项目管理专业人员资质认证 PMP[2] 认证。PMP 认证是世界上最具权威性和最具影响力的项目管理资质认证，是一项严格评估项目管理人员是否具有相应资格的认证。由于其严格的质量控制和高度的全球一致性，PMP 认证是目前国际上唯一真正全球认可和通用的项目管理专业资质认证[3]。另一种是由国际项目管理协会 IPMA[4] 推出的国际项目管理专业人员资格认证 IPMP[5] 认证。IPMP 认证是通过对项目管理人员知识、经验和能力的综合评估，然后分为 A、B、C、D 四个等级的认证体系。这些资质认证在协会成员国中通用，不仅能够促进项目管理人员的国际化流动，同时还为开展国际项目合作提供支持。国际上知名的项目管理组织都有享有盛誉的资质认证机构。学员按照一定程序，经过严格的培训及考试，成绩合格后，获得相应级别的证书。此证书在项目组织协约国中通用，是劳动者求职、任职、执业的资格凭证，也是用人单位招聘、录用劳动者的重要依据。

在中国，国家和行业都急需具备项目管理理论和实践经验的专业人才，缺乏高素质项目管理人才是妨碍中国参与国际项目招标的瓶颈。在这种需求和国际项目管理资质认证的推动下，中国国家劳动保障部和部分行业都在积极开展项目管理资质认证的研究和实践。中国的项目管理资质认证并非照搬国外的内容，而是在汲取国外先进理念和技术的基础上，充分研究和结合中国实际的资质认证。在国家范围内，中华人民共和国劳动和社会保障部于 2002 年 9 月颁布了中国项目管理师国家职业标准。中国项目管理师国家职业资格认证，把项目管理师分为四个等级：高级项目管理师为国家职业资格一级,项目管理师为国家职业资格二级,助理项目管理师为国家职业资格三级,项目管理员为国家职业资格四级。中国项目管理师国家职业资质认证首次助理级和师级的试点考试于2002年12月18日在北京进行[6]。随后,其他级别的认证也将陆续开展。中国项目管理师国家职业资格认证标志着我国政府对项目管理重要性的认同[7]。

在行业范围内,最早开展认证的是国家建设部和信息产业部。他们根据行业对项目管理人员的知识、技能、经验等要求,制定了相关的报考条件、考试内容、测试程序和方法,同时开展了相应的学习和培训工作,形成了行业项目管理资质认证的有效管理机制。工程建设行业现有注册建造师、投资建设项目管理师的认证,信息行业有系统集成项目经理的认证。

从国际项目管理资质认证的发展分析,项目管理资质认证有宏观发展和微观发展两个方向。宏观发展是向国家统一认证和国际统一认证的方向发展,微观发展是向行业认证的方向发展,他们有不同的意义和作用。我国目前的情况是:国家级的认证比较健全并正努力向国际标准靠拢,行业的认证范围比较局限且与实际需要有很大差距。据统计,从2003年到2006年,中国约有20万人接受了基于PMBOK[8]指南的项目管理知识体系培训[9],参加PMP认证考试的人数从2000年的316人猛增到2005年的近6000人[10],为我国培养了一大批高层次、国际型的现代项目管理人才。华为公司副总裁邢宪杰说:项目管理的多层次应用增强了我们公司的业务执行能力。[11]虽然我国项目管理行业认证的范围还很小,主要集中在建筑行业、信息行业,但是它们对行业项目管理的促进作用十分明显,经过认证的信息集成项目经理和投资建设项目管理师队伍,提高了信息化建设行业和工程建设行业的管理水平。

二、图书项目管理人员的资质认证体系

图书项目管理人员的资质认证应有特定的内容和程序。英国等西方国家都有图书项目经理的专业认证机构,承担图书项目经理的培训、认证和管理等职能,培养了大批的图书项目经理,同时促进了图书项目管理的发展。西方出版行业通过认证、培训、管理图书项目经理来提高行业的经营管理水平,这和中国通过规定律师、会计师的从业资格来规范行业行为的做法十分相似。资质认证是图书项目管理人员职业化发展的必经之路,是衡量图书项目管理人员知识、能力、经验、水平的专业证明。项目经理以个人的身份、凭行业公认的资质受雇于出版单位,在出版单位之间自由流动,甚至同时服务于不同的出版社,能够提高图书出版行业人力资源的效益。

笔者认为,中国图书出版项目管理人员的认证与西方出版行业有相同的地方,也应该有不同的地方。相同的是对图书项目经理的培训和认证,不同的是要增加对一般项目管理人员的培训和认证。西方出版行业项目管理的运用由来已久,出版社人员熟知项目的基本操作程序和要求。出版行业的资质认证仅对图书项目经理能力和资格进行鉴定就可以了,图书项目经理凭专业机构统一颁发的资格证书才能上岗。中国出版行业实施项目管理的时间比较短,出版行业的很多员工还没有真正理解项目管理的涵义,也缺乏相应的知识和相关的经验,需要进行全员的培训。因此,中国出版行业项目管理的资质认证,应该充分考虑中国出版业的实际情况,通过资质认证提高整个行业人员参与项目管理的素质。因此,笔者以为,中国出版行业项目管理资质认证至少应包含两个级别:图书项目管理员的资质认证和图书项目经理的资质认证。同时还要建立配套的管理制度。

学习是图书项目管理资质认证体系的基础。根据图书项目管理资质认证体系分为两个级别的设计,两个级别的人员需要学习和掌握的知识同样需要分别设计,主要包括两类人员在图书项目管理活动中所要使用的理论、方法、工具以及管理活动中角色的职责和如何沟通等内容。在行业范围内,学习内容的设计、修订和教材的印制、发放需要统一管理,以保证学习内容的一致性和准确性。

　　图书出版管理是实践性、操作性非常强的活动。参照国外和国内其他行业的经验,建议图书项目管理资质认证设立实践的环节,即所有参加认证的人员先经过职业化实践的操作后,再进行认证中的考核程序。实践的场所、设施、教师资格、实践的内容和要求,都需要经过专题研究后制订。

　　评估既是项目管理认证体系的重点又是项目管理认证的难点,因为项目管理资质认证是对项目管理从业者知识、经验、素质和实际解决问题的能力的综合评定。其中,对申请认证者的从业业绩的评定和对项目管理人员能力的考核需要专家采取灵活多样的方式[12]综合评定,是主观和客观相结合的评定。相比知识考核,能力和业绩的评估是认证体系的难点,建议进行专题研究。

　　考核是学习、实践、评估环节通过后进行的最后程序。为保证考核的公正性,图书项目管理员和图书项目经理的考试,必须坚持全国统一标准、统一教材、统一命题、统一考务和统一证书的原则。考试合格者,按照有关规定统一核发职业资格证书,考试不合格者,也要进行成绩公布并允许考生在规定时间内复核、查询。

　　认证是项目管理资质评定的过程。项目管理职业资格认证的关键环节是标准的制定、程序的制定和人员的选择。国外和国内已经进行的项目管理职业资格认证都有严格的程序和标准,其认证人员是行业中的专家委员会的组成人员。国外和国内已经进行的项目管理职业资格认证已经积累了丰富的经验,图书项目管理的认证可以借鉴国内外成熟的做法,再结合图书管理的具体情况,制定认证的标准及认证的程序。

　　为保证职业资格认证的权威性和有效性,所有经过正式程序发放的职业资格证书,可以通过实行统一登记编号和网上查询的方式进行监督和管理。对于持有职业资格证书的人员,可以采取定期换发证书的方式进行监督和管理,这样做的作用在于敦促持证人员主动上岗并积极创造业绩。

　　以上认证环节的建立和实施,还需要设专题进行深入、细致的研究,建构科学合理的方案和严格周密的计划。根据已经开始认证的行业的情况推算,建立完整的图书项目管理资质认证体系预计需要 5 年的时间,具体过程可以借鉴国内信息行业的经验。国家信息产业部 1998 年成立时,便酝酿在信息集成行业推行资质认证制度,并于 1999 年 11 月颁布了《计算机信息系统集成资质管理办法(试行)》[13],决定从 2000 年 1 月 1 日起在全国信息系统集成行业开展计算机线性系统集成资质认证工作,包括信息系统承建单位、监理单位的资质认证条件和程序。在试行中发现,用户不仅关心单位的资质,而且更关心项目管理者的能力和水平,于是在计算机信息系统集成行业资质认证制度中引入项目经理制。国家信息部于 2002 年 8 月,发出了《关于发布〈计算机信息系统集成项目经理资质管理办法(试行)〉的通知》[14],就项目经理资质级别、条件、申请及审批流程做出明确规定,并对监督管理工作做出了具体的要求,强化了培训、评审、后续管理等环节。2004 年,经国家信息产业部和人事部共同批准,"信息系统项目管理师"、"信息系统监理工程师"考试正式列入全国计算机技术与软件专业技术资格(水平)考试系列[15]。至此,我国基本健全了计算机信息系统集成行业项目管理资质认证体系,为行业实施项目管理提供了人才和质量保障。

第二节　建立图书出版基础数据库的构想

一、建立图书出版行业基础数据库的必要性

　　中国图书出版行业的发展具有一定的特殊性。由于传统出版观念的根深蒂固,导致出版行为政府化;加之长期实行计划经济,

忽略了精神需求满足带来的经济价值,忽略了出版的经济属性和出版对经济的促进作用,图书出版在研究、实践方面偏离了市场化、产业化发展的方向,缺少科学实用的市场运作机制和科学管理方法,致使出版行业发展出现诸多问题。这些问题主要体现在三个方面。

第一,图书库存积压[16]严重。最新统计显示,到2008年初,我国570多家出版社的图书库存总量已超过500亿元人民币,超过了全国图书市场一年的交易额,平均每社有将近一亿元的库存。更令人担心的是,估计不少于一半的图书,已成为很难再现原有价值的"压库书"。如此巨大的"包袱",构成了出版社经营中诸多隐患:库存书占用出版社大量自有资金,出版社还要投入仓储及物流费用,加大了成本,削弱了再生产和创新的现金流,阻碍了出版行业的可持续发展。

第二,低水平重复出版[17]问题比较严重。图书出版存在大量低水平重复的现象。例如《十万个为什么》是一套著名的青少年科普读物,在20世纪70年代由少儿出版社出版,由于畅销许多出版社都跟风出版,到现在,市场上竟然出现了近600个不同的版本。这种现象在科普类图书出版中屡见不鲜,在古籍类图书出版中也很普遍。据统计,从1950年至2007年底,除去彩绘本、简写本、注音本、白话本、汉英对照本等满足不同层次的阅读需求外,《红楼梦》原著共有230多个版本,《三国演义》、《水浒传》、《西游记》也都超过了200个版本。这种情况严重影响了出版行业的原创性,降低了出版行业的创造力和国际竞争力。

第三,图书单品种经营效益[18]下降。中国出版业长期按事业性质管理,其经营意识、经营效益、经营手段相对国外同行和国内其他企业都很落后。虽然图书的总品种数逐年上升,但总印数和单本书的印数却在下降。这种现象在近几年的图书出版统计中有明显反映。

表 6.1　1999－2007 年图书出版总量统计

年份	种数	新版种数	重版种数	总印数（亿册）	总印张（亿印）	总定价（亿元）
1999	141,831	83,095	58,736	73.20	391.40	436.33
2000	143,376	84,235	59,141	62.70	376.20	430.10
2001	154,526	91,416	63,110	63.01	406.10	466.82
2002	170,962	100,693	70,269	68.07	456.40	535.12
2003	190,391	110,812	79,579	66.70	462.20	561.82
2004	208,294	121,597	86,697	64.13	465.59	592.89
2005	222,473	128,580	93,893	64.66	493.29	632.28
2006	233,971	130,264	130,707	64.08	511.96	649.13
2007	248,000	136,230	141,228	62.93	486.51	676.72

来源：中国出版网

用上表中 1999 年和 2007 年数据进行对比,1999 年出版图书总册数为 73.2 亿册、总品种为 141,831 种,由此计算出单品种的平均印数为 51,611 册;2007 年出版图书总册数为 62.93 亿册、总品种为 248,000 种,由此计算出单品种的平均印数为 25,375 册。按照图书自身的生产特点,印数越小,单本书的成本越大,图书的赢利越少,效益越低。我们可以得出这样的结论:图书单品种的印数低且不断下降,图书出版的经营效益并没有随着出版总量的增加而增大。

以上提到的重复出版、库存积压和单本书效益下降的问题,相关原因比较复杂,既有历史的、客观的,也有认识上的、方法上的,但都与图书出版行业基础数据库缺失有关。图书出版行业基础数据库应该是市场经济规律客观作用的记录和统计,反过来又可以影响出版行业的决策。出版商在此数据信息的提示下,能够更好地遵照市场经济规律的要求选择项目,从而形成良性循环。西方发达国家的图书出版基础数据库是与行业发展同步进行的,是市场经济的产物。但中国实行计划经济体制时人为阻碍了市场经济规律的作用,主观上也没有认识到建立图书基础数据库的意义,造成图书出版行业市场化发展的缺陷,也包括基础数据库的缺失。图书出版行业基础数据库缺失,导致出版商信息交流不畅,客观造成盲目出版和重复出版的问题,对图书积压和单本书效益下降有一定影响。出版行业转为企业后,不仅强调每个出版单位的出版效益和效率,还要求整个图书出版行业要科学有序发展,强调单本书效益的最大化,这些都需要有全面、准确的数据统计作指导,需要建立图书出版行业基础数据库。

二、图书出版行业基础数据库的内涵

图书出版行业的发展与国家的经济水平有很高的关联度,因此,西方发达国家出版产业一直居世界前列。这与西方发达国家市场经济体系比较完备,市场法则和行业客观规律能够充分发挥作用,图书出版的市场化程度较高有紧密联系。他们建立的图书出版行业基础数据库,可以使从业人员及时掌握图书出版、发行、经营的准确数据并做出科学的决策,保障图书出版在具有良好秩序的环境中竞争、发展。西方发达国家的政治、经济、文化体制与我国有很大差别,其出版行业经营管理的方式、方法我们不能直接套用,但从近代开始,美国、德国、英国、法国等国积累的相对丰富的图书出版基础数据库建设和管理的经验,对我们确有较大的借鉴作用。

西方发达国家图书出版行业基础数据库主要包括:标准书号管理数据库、图书数据统计数据库、可供书目数据库、图书检测评价数据库等。我们需要抓紧补建。

首先,要补建中国标准书号管理数据库。标准书号[19]是一种国际通用的出版物编号系统,为出版物的分类统计和销售陈列创造条件,使利用计算机或者其他现代技术进行出版物贸易管理和信息交流获得更高的效率,有利于推进出版业的国际交流。标准书号相当于图书的身份证,出版社所出版的每一种图书的每一个版本都有一个世界性的唯一标准书号,是出版物的唯一标识码,

在出版、发行和图书馆管理以及出版物贸易中都发挥了重要的作用。西方发达国家都有标准书号管理数据库并有严密的分配、记录、归类、搜索的数据,这些数据随图书出版而录入,跟随图书的出版、发行而进入流通环节,是出版行业统计和管理的基础数据。中国标准书号是中国 ISBN 中心在国际标准书号(ISBN)的基础上制定的一项标准,于 1987 年 1 月 1 日在全国正式实施,与国际标准书号的结构[20]不尽相同。由于管理体系不健全,一号多用[21]的问题一直没有得到解决。新版《中国标准书号》国家标准[22]于 2006 年 10 月由国家标准化管理委员会批准颁布,2007 年 1 月 1 日起在全国实施。国家标准规定了中国标准书号分配和使用原则,其中特别强调出版单位应充分保证中国标准书号分配和使用的唯一性、永久性和专用性。届时,我国出版物使用的书号和条码由 10 位升至 13 位,新的书号和条码结构与世界同步,保证与国际物品编码体系的兼容。由于先前使用的中国标准书号是 10 位,现在出现的问题是,转换之前和之后的书号如何在同一个数据库中存在,才能建立完整、准确的中国标准书号数据库,这是一个技术性的问题,鉴于选题指向规定,本研究对此不作深入探究。本研究所要提出的问题是建立中国标准书号数据库是图书出版行业迫在眉睫的问题。

其次,要补建图书数据统计数据库。多年来,我国图书数据统计实行按出版、印制、发行渠道由下而上、多口径统计的方法进行,各渠道的统计标准不统一。不仅出版、印制、发行的统计标准不一,即使在同一环节,各企业的标准也不尽相同。由于缺乏统一的统计标准,图书统计数据不实、无据可查的状况十分普遍。图书数据统计数据库缺失严重影响了图书出版行业经营管理情况的分析和决策。如何建立图书数据统计数据库是需要限期解决的问题。根据目前的情况和西方发达国家出版行业的经验,解决这个问题首先需要建立图书数据统计标准,而后建立图书数据统计的数据库。图书数据统计标准是出版行业数据统计分析的基础,可以分为图书元数据、印制标准数据、发行标准数据等。西方发达国家图书出版行业已经探索出相应的统计标准体系,我国正在研究、推行该项工作。比如,2004年10月我国启动了出版物发行标准数据征求意见的工作,其他相应标准制定工作也在加紧研究,这是建立相关的基础数据库的基础。一旦有了图书数据统计标准体系,就可以着手建立图书数据统计的基础数据库。

再次,要补建可供书目[23]数据库。可供书目数据库又叫在版书目数据库。它担负着行业生产产品的信息加工和传播的责任,是生产、流通领域实际可以提供给终端读者和用户的权威信息。可供书目数据库沟通出版行业上中下游的信息,促进编印发一条龙、产供销一体化整体运营。西方发达国家都有自己的可供书目数据库并采取公司经营的方法进行管理,取得了理想的效果。如英国 Witaker 公司[24]、美国 Bowker 公司[25]及德国 K. G. Saur 公司[26]以骄人成绩,成为世界上最享盛名的三大可供书目提供商,其中英国的可供书目公司的运营模式最为先进。中国至今没有自己的可供书目数据库。根据可供书目的要求,中国可供书目数据库的要素有三个:中国的、可供的、权威的,其最主要特点和功能在于可供,应该包括中国可供图书80%以上的信息。尽快建立中国的可供书目数据库是现代图书出版行业必须面对的问题。有了可供书目数据库,有助于出版社从中全面、准确、迅捷地了解流通领域图书的最新动向,解决困扰出版业的选题撞车、重复出版等问题;有助于发行商在信息资源共享的条件下采用一站式购齐的节约模式,为流通领域节省大量人力、物力资源;有助于读者尽快找到自己需要的图书信息,帮助读者快速准确地选书、购书。可供书目数据库是出版、印制、发行都不可缺少的便捷工具,也是读者寻找图书的最佳途径。

最后,要补建图书检测评价数据库。任何行业的发展,都离不开相应的评价体系,图书出版行业也必须有相应的评价体系作支撑。图书检测评价数据库作为一种与资源配置相关联的设计,对图书出版行业的发展起着重要的规范和引导作用,是图书出版行业发展从无序走向有序的标志。图书检测评价数据库是行业对每个项目进行权威评测的依据,在此基础上还可以对出版单位的经营情况进行评估,在一定程度上促进、规范图书出版单位的管理,同时,为图书出版单位提供有价值的参考系数。每个单位都能从中找到自己的坐标位置,对促进图书出版单位的优胜劣汰,对图书出版项目管理水平的提高,将起到重要的不可替代的作用。图书检测评价数据库的指标设计、数据提取、分析评价、公布反馈,需要有一系列的科学的程序,其建立和实施是一项复杂的工程。

三、建立基础数据库的可行性分析

图书出版基础数据库的建设分两个部分,第一部分是以往缺失或统计标准不统一的部分,需要在既定的时间内完成;第二部分是随图书出版发展而同步进行的部分,是在完成弥补工作的基础上正常延续的部分。第二部分的工作可以借鉴西方国家的做法,与图书出版同步进行。第一部分的工作则要进行方法上的考察与选择,组织人力、物力、财力,在一定的时间内完成。

中国标准书号管理数据库、图书数据统计数据库、可供书目数据库、图书检测评价数据库第一部分的建设工作,均有明确的任务目标,需要成立专业的队伍,耗费一定的资源来建设。如果计划周密、资源充足、组织到位,完成时间能够保证,完成质量也应该有保证。从建设方法上考虑,采用项目管理的方法比较切实可行。当然,每个数据库建设都需要具备一定的条件,下面以可供书目数据库建设为例予以说明。

四、建立中国可供书目的条件

一般来说,可供书目建设是与图书出版同步发展的,但由于中国图书出版市场化发展滞后,可供书目数据库建设缺乏动力,致使中国至今没有可供书目数据库,严重影响了行业的正常运营。

目前的问题主要如下:一是作为最重要的书目源头的出版社还没有普遍意识到可供书目建设的重要性,可供书目建设缺乏最重要的源头支持。二是书业信息化建设滞后。中国目前出版行业的信息化建设还没有达到普及化、集成化和标准化,大部分信息还要依靠人工录入,重复劳动不仅增加成本还容易造成数据错误。三是缺乏不在版图书公布的制度。现在大部分出版社都没有对自己出版的图书进行在版与不在版的信息统计,更不可能向社会或者其他媒体公布这些信息,从而导致可供书目的"不可供"。四是缺乏统一规范的信息制作标准和相关管理办法。各个出版社、书商编制的书目尽管内容大同小异,但是格式各不相同,不能自动整合,无法实现数据传输和共享。五是目前书号使用不够规范。书号是数据识别的最重要依据,但现实中行业未能严格执行《中国标准书号》国家标准,一号多用的情况时有发生,一号多书、书号混乱导致数据唯一识别无法实现。

建设中国可供书目数据库是一项综合性的工程,需要有专门的组织、专业的方法、完备的计划、多方的通力合作,包括政府的强力推进、行业的信息化、信息格式的标准化、出版业上中下游的通力合作、第三方的介入、与国际出版界接轨等。[27]

首先,中国出版业书号的规范使用、信息化程度的提高、书目管理办法的制订和实施,都需要政府的支持和推进。可喜的是,近几年,国家新闻出版总署采取了有力措施,审定并通过了《图书流通信息交换规则》,这是中国书业第一个信息化管理标准。这个标准的推广,将使整合出版社和中盘渠道商的可供书目资源成为可能。另外,来自国家新闻出版总署书号中心的信息表明,为解决一号多书问题,将逐步实行书号实名制,与此配套,总署信息中心实施二维码的试点也在进行中。

其次,在书业信息化建设方面,图书馆自动化专家陈源蒸开发出"复合出版系统",几乎在不增加费用的情况下,就可以将出版社出版的每一种图书,自动转换成为数字化形式和标准化元数据(可生成在版书目),并同时生成纸质图书、数字图书,以实现出版社的数字资产管理。陈源蒸说"复合出版系统"最大的实用价值在于成本低,因为可以结合方正书版、微软 Word 等任何一个排版软件使用,不必额外购买独立的系统。遗憾的是,出版社应者寥寥,仅有中国医药科技出版社、人民出版社在试用他的软件。

按照编目人员每人每年 1.5 万元工资测算,书店制作编目平均花费每条近 10 元,图书馆编目每条花费更高,这还没有包括打电话、传真、上网传递数据的费用,以及由于信息不准确造成的发货差错、决策失误等损失,可见在信息化程度低、信息难以交流共享的情况下,书业信息沟通成本之大。在欧美国家,标准书目库书店、图书网可以通过光盘或互联网获得书目,而不用自行录入,实现了数据共享,也降低了采购成本。例如美国鲍克公司(R. R. Bowker)的《在版书目》(Books in Print)和英国 Book Data 公司的 Book Find 都已经形成了自己的用户市场。[28]

中国可供书目数据库的商业空间不小,但建设门槛和维护的费用却相当高。因此,中国可供书目数据库只有按照商业运营模式运作,才能保证其生存与发展。也只有建设中国最全的可供书目网,满足发行商查询所有在线流通的图书的需求,同时为各大出版商论证出版走向提供指导,才能通过提供优质服务获得利润,形成良性市场化运行。

第三节　中国图书出版业实施项目管理的建议

图书出版行业具有典型的项目化特征,在行业内推行项目管理具有显著的效果,这在国外同行业都已经得到印证。下面就我国图书出版行业实施项目管理的问题提出若干建议,希望能够引起有关方面的关注。

一、建议建立图书出版项目管理专业研究机构

出版行业项目管理学术研究落后于行业管理实践,其中一个重要的原因是缺乏专业的研究机构。我国 1991 年成立项目管研究委员会,致力于项目管理知识体系的建立和推广,而项目管理在具体行业中的运用研究则十分薄弱。行业的项目管理运用主要集中在 IT 业、建筑业,图书出版业没有自身的研究机构。出版行业项目管理学术研究落后于行业管理实践的现状,必然影响行业建设的进展。对此,中国项目管理研究委员会也有相应的观点,他们提出:我国文化产业的项目管理,在实践的层面上,应当说普遍处于自发性阶段。要想让自发性项目管理阶段尽快过渡到自觉的科学项目管理阶段,必须有理论研究的推进。[29]在出版行业推行项目管理,需要建立图书出版项目管理研究中心,由出版企业、发行企业、管理单位、科研单位共同参与。

二、建议尽快实施相关人员的资质认证

为推动图书出版项目管理从"自发"到"自觉",切实保证项目管理已有成果在出版行业的充分应用,提高相关岗位人员的素质,实施学习、实践、培训、认证一体化的认证制度是不可或缺的手段。自 2000 年国家开展项目管理师培训认证工作以来,建筑、IT 等行业的项目管理水平有了质的提高。为促进文化产业项目管理在实践中的推广,劳动部在 2006 年修订的"项目管理师国家职业标准"中,增加了文化专业类标准,对出版行业推广认证工作提供了良好的条件。但文化领域非常广泛,还需要细分新闻、出版、演艺等专业,图书出版相关人员需要进行专业资质认证。

三、建议充分发挥行业协会的作用

西方发达国家出版行业建设主要依靠政府相关机构和出版协会。其中,出版行业协会种类比较齐全、职能比较健全、制度比较成熟,承担着宏观图书出版管理的大部分职责,成为行业建设不可缺少的主体。尤其是在市场经济体制非常完善的国家,行业协会在管理成员企业上的作用甚至超过了政府[30],有"小政府、大协会"之说。由于出版体制、机制、市场环境的不同,国外政府行业管理的组织结构及所采用的管理方式,在现今中国出版业很难实施,但作为民间组织(个别国家是半官方组织)的行业协会,在行

业中发挥着重要作用,这是可以为我国所借鉴的。中国出版科学研究所的专家早在2003年就成立了"国外出版行业协会研究"课题组,经研究认为:发达国家的出版行业协会走过了几十年甚至上百年的发展历程,形成了较为固定的组织模式和管理方式,尤其在开拓与规范、服务会员、行业自律等方面积累了丰富的经验,这无疑对我国出版行业协会改革具有重要的参考价值和借鉴意义。[31]在西方发达国家,协会以服务会员、维护会员合法权益为宗旨,出版行业协会遍布编辑、出版、印制、发行等各个环节,与图书有关的主要包括出版商协会、书商协会、编辑协会、著作权协会、印制协会等,这些协会不仅是会员的代言人,还兼具行业服务、行业自律、行业协调、行业管理等多种职能。例如:出版商协会负责对出版企业进行规范和协调,编辑学会负责编辑工作的学术交流和人员培训,出版工作者协会负责行业自律,书商协会负责图书发行的管理和规范。这些协会在克服市场经济条件下行业和企业的市场随意性,协调政府民间关系,有效配置行业、社会资源,促进行业发展等方面都发挥了极为重要的作用[32]。相比之下,我国出版协会的作用发挥得还不够,这是值得我们深思和改变的。

四、建议在出版行业的范围内加大推行项目管理的力度

西方发达国家的出版行业普遍使用项目管理的方法并取得了显著的效果。在西方发达国家,出版行业项目管理的机制已经十分健全,行政管理部门、出版行业协会及相关的研究机构和出版行业服务公司,共同建立了图书项目经理的培训和资质认证机制、出版信息交换机制等,这些都为项目管理顺利运行提供了条件。西方发达国家的出版行业的实践证明,项目管理值得在图书出版行业推广。中国图书出版行业实施项目管理起步晚、进展慢,应该加大推行力度。

注释：

[1] 全称 Project Management Institute，简称 PMI，美国项目管理协会。
[2] 全称 Project Management Profession，简称 PMP，项目管理专业人员资格认证。
[3] 中国项目管理研究委员会. 中国现代项目管理发展报告(2006). 北京:电子工业出版社,2006:354.
[4] 全称 International Project Management Association，简称 IPMA，国际项目管理协会。
[5] 全称 International Project Management Professional，简称 IPMP，国际项目管理专业人员资格认证。
[6] 中国项目管理研究委员会. 中国现代项目管理发展报告(2006). 北京:电子工业出版社,2006:29.
[7] 中国项目管理研究委员会. 中国现代项目管理发展报告(2006). 北京:电子工业出版社,2006:24.
[8] 全称 Project Management Body of Knowledge，简称 PMBOK，项目管理知识体系。
[9] 中国项目管理研究委员会. 中国现代项目管理发展报告(2006). 北京:电子工业出版社,2006:357.
[10] 中国项目管理研究委员会. 中国现代项目管理发展报告(2006). 北京:电子工业出版社,2006:357.
[11] 中国项目管理研究委员会. 中国现代项目管理发展报告(2006). 北京:电子工业出版社,2006:358.
[12] 面试、履历调查与实际操作评定等。
[13] 信部规[1999]1047 号文,简称为 1047 号文。
[14] 信部规[2002]382 号文,简称为《项目经理管理办法》。
[15] 中国项目管理研究委员会. 中国现代项目管理发展报告(2006). 北京:电子工业出版社,2006:264.
[16] 滞销而囤积在书库中的图书。

[17] 同样内容的图书在不同的出版社出版。

[18] 一本书的税后利润。

[19] 国际通用的图书编号。出版社可以通过国际标准书号清晰地区分所有书籍。一个国际标准书号只有一个相应的出版物与之对应。

[20] 由组号、出版者号、书序号和校验位组成。组号代表出版者的国家、地理区域、语种或其他分组特征的编号。组号由国际ISBN中心设置和分配,国际书号中心分配给我国的组号为"7",可以出书1亿种。出版者号代表组区内所属的一个出版者(出版社、出版公司、独家发行商等)的编号,其长度可以取1~7位数字。我国的出版者号由中国ISBN中心分配,分为五档,其长度2~6位数字。书序号代表一个特定出版者出版的一种具体出版物的编号,由出版者自己分配,分配时一般可按出版时间的先后顺序编制流水号。校验位是ISBN编号的最后一位数字,用以检查ISBN编号转录过程中的错误。

[21] 一个书号有多本图书同时使用。

[22] GB/T 5795-2006。

[23] 可供书目已有100多年发展史,并且已成为出版行业信息化建设的重点之一。

[24] 世界上最大的三家可供书目出版商之一。1874年英国Witaker公司推出世界上第一个可供书目《近期文献参考书目》。至今,已成为西方图书贸易的不可或缺的信息中介,是出版社、书店和图书馆最重要的工具书。

[25] 世界上最大的三家可供书目出版商之一。美国《在版书目》制作和经营单位。

[26] 世界上最大的三家可供书目出版商之一。总部设在德国。

[27] 赵学军. 中国可供书目数据库建设任重道远. 出版发行研究, 2006, 3.

[28] 顾犇. 应该实现书目信息资源的共建与共享.《全国新书目》, 2005,2.

[29] 中国项目管理研究委员会. 中国现代项目管理发展报告(2006). 北京:电子工业出版社,2006:162.

[30] 余敏. 国外出版行业协会研究. 北京:中国书籍出版社,2005:4.

[31] 余敏. 国外出版行业协会研究. 北京:中国书籍出版社,2005:2.

[32] 余敏. 国外出版行业协会研究. 北京:中国书籍出版社,2005:10.

第七章　图书出版项目管理软件的开发和使用

图书出版项目管理软件是出版社管理思想和管理模式的集中体现。使用项目管理软件是出版社建立市场化运营机制、提高出版效率和效益的有效手段。北京云因信息技术有限公司长期致力于单项目图书独立核算管理软件的开发和推广工作，拥有成熟的技术和丰富的行业使用经验，是出版社可以长期合作的战略伙伴。

第一节　项目管理软件及作用

项目管理软件是项目管理的一种工具，其主要作用是用规范化、系统化的方式简化日常的项目管理工作，实现对项目管理过程的信息化、数字化的动态控制和跟踪管理,提供便捷的项目执行情况统计分析、资源均衡优化处理功能。

项目管理软件的功能和作用基本涵盖项目管理知识体系的内容,主要包括项目预算管理、项目资源管理、计划和进度管理、项目过程管理。

一、项目成本预算和控制管理

项目管理软件通过事先建立资源的费率标准,根据项目 WBS 工作包所需要的资源数量、工时、费率标准,在制定项目的费用预算时,按照各个 WBS 分解清单以及项目工作包汇总后即可得到项目费用总预算和各项任务的费用预算清单。有了项目的费用清单,在项目实施过程中,可即时对项目资源、工作包以及整个项目的实际成本和预算成本进行分析、比较和管理。

二、项目进度计划管理

项目管理软件通过引入项目日历、资源日历相组合的概念,在进行项目 WBS 分解的过程中,根据定义的项目开始日期、工期和所需要的资源数量,结合项目 WBS 分解任务之间的搭接关系,自动计算和排定项目的进度和日程。在项目实施过程中,还可以根据任务之间的搭接约束关系、结合资源的投入情况、项目实际开始、完成的日期,对项目的进度计划进行调整。在对项目进度计划调整后,项目管理系统软件可自动进行预计完工总工时、工期的自动计算和调整。

三、项目跟踪和控制管理

项目管理软件通过引入比较基准的概念,将审核确定后的项目成本预算、资源使用计划、进度计划等数据保存为比较基准。在项目的实施过程中,根据项目的实际投入资源量、实际开始和完成时间、实际发生的费用与比较基准即行比较,自动生成项目实施过程中的项目进度情况、资源使用情况、任务分配情况、费用使用情况等统计图表和报表。项目管理人员通过分析项目实际运行情况和比较基准的差异,确定对执行产生的偏差是否处理以及如何处理,从而实现对项目实施过程的控制和动态跟踪管理。

四、项目管理报表

项目管理软件以 WBS 分解包为基础,结合资源数据、比较基准、项目实际执行的数据,按照规范的项目管理需要,提供各类常用的量化和指标性的统计图表和报表,如 SPI[1]、CPI[2]、SV[3]、CV[4]等。从而简化项目管理人员对项目执行情况的统计和分析过程,提供即时快捷的项目动态执行情况报表,如甘特图、横道图、网络图、资源图表、资源使用情况表、里程碑总成图[5]等。

五、项目管理数据交换

在项目管理过程中,项目管理系统软件需要频繁地与其他软件系统如 Excel、Acess、Word、PowerPoint、Visio 等交换数据,项目管理软件可以提供数据导入、导出的交换功能,实现系统之间的对接。

项目管理软件还有其他功能和作用,可以帮助企业进行多项目管理、项目组合管理等。

第二节 图书出版项目管理软件

一、图书出版项目管理软件

出版社的基本活动是图书的策划、组稿、编辑加工、装帧设计、印制、发行等。每一过程都涉及可行性论证、成本预算、资金投入、风险分析、管理控制、总体评价。

传统的出版流程是以编辑室为中心,各个部门分工协作的模式。这种生产流程存在的问题,一是生产的各环节责职不明确,都有可能成为瓶颈,制约图书生产的速度和效率;二是绩效考核难以量化和公平;三是编辑部门与市场脱节,选题难以适应图书市场的需求,发行部门很难将图书市场信息反馈到编辑或编辑室;四是决策管理者陷入日常事务之中,难以有较多时间和精力来思考发展战略和企业扩张;五是难以构造出版社的核心竞争能力。

如果按项目进行管理,出版社出版的每一本或一套书,都可以视作一个独立的项目,都有项目管理可行性论证、成本预算、资金投入、风险分析、管理控制、总体评价的内容。图书出版项目管理是在图书出版过程中,综合运用编辑、出版、发行等资源,采用规范、系统的项目管理的理论与方法,在规定的时间、成本、质量约束范围之内,完成一定的出版目标[6],较好地解决了传统出版流程中出现的上述问题。

出版社要引入项目管理的理念,必须打破部门的概念,在业务流程上要能真正贯通,实现数据共享、业务和财务的一体化,将传统出版社以编辑室为中心分工协作的模式,转变成以财务部为中心、财务系统实时归集业务系统数据的模式。要实现这种模式,首先要获得软件上的支持,否则在进行图书出版项目管理时,即使投入很大的人力检测控制,还是无法归集项目管理中所谓的时间、成本、质量等多方面的资源,从而无法对项目达到有效控制,业务流程的信息化也会成为项目精细化管理的一大障碍。

二、图书出版项目管理软件开发

图书出版项目管理软件的开发有两种途径:一种是出版单位自主开发,一种是由专业的出版管理软件公司开发。相比之下,后一种形式对于出版单位而言投资少、应用快、升级及时,是出版社首选的途径。截止到2008年底,我国出版管理软件开发公司有数十家,技术相对成熟、用户反映良好的有五六家,其中,北京云因信息技术有限公司开发的出版管理软件是把单本书核算做得最为到位的出版管理软件。

北京云因信息技术有限公司是一家面向出版行业,致力于提供出版行业信息产品、技术解决方案以及相关服务的中关村高新技术企业。公司核心技术人员长期从事出版行业应用系统的开发和推广工作,积累了多年的出版行业信息化建设的经验。发展至今,云因信息在全国范围已拥有百余家出版社客户,占出版社总数的五分之一,并且凭借其先进、完善的技术和专业、周到、热情的服务受到业界的一致认可。历经十余年的发展,云因信息现已开发出全套的出版行业管理软件系统,包括编务系统、出版管理系统、发行管理系统、财务管理系统、书店管理系统、网上发行系统、网上书店系统、书目数据库和信息管理平台等。

三、云因信息的优势

第一,云因信息遵从先进有效的一体化流程管理理念。出版社通常习惯将日常的管理运作活动人为地分成编辑、出版、发行、财务等相互独立的阶段,各个阶段独立地进行管理、运作。这导致了在出版社信息化建设中习惯地将编辑、出版、发行、财务等管理系统相互独立地进行建设。每个系统都能独立地运行,系统之间却不能共享资源和数据。导致了信息系统建设的多头建设和浪费,不能发挥管理信息系统的整体管理效应。云因信息提出将出版社的运营管理、营销管理等所有日常管理活动作为一个完整、统一的流程化的整体,以全程统一的观念进行日常管理,以此为指导思想进行信息系统的建设,即一体化流程管理思想。

一体化流程管理的核心思想是以财务管理为核心、营销活动为主导、产品生命周期为循环,实现出版社管理工作的流程、业务、数据整体化和一体化。对出版社运营管理、营销管理、资源管理实现一体化的最佳管理。

云因出版社管理系统全面实现对出版社生产、销售、财务、服务、电子商务、资源管理的一体化、流程化管理。在云因出版社管理系统中,出版社传统意义上认为的独立的编辑、出版、发行、财务等管理系统是云因印制管理系统中的核心模块。所有管理流程、业务操作、数据是全程统一的。

采用一体化流程管理的管理理念作用非常巨大：能实施高效、无缝的业务操作管理流程；有全面、准确、统一、实时的数据；数据、资源可以全面整合和按需使用；能够提升出版社的管理水平和效率，最有效地实现出版社的管理目标。

第二，云因信息完整实现了全流程意义上的图书单项目核算。实现单项目核算不仅可以实现对编辑个人的考核，更重要的是通过单项目核算实现出版社内部的管理规范、管理信息的标准和规范，进而实现出版社的 ERP[7] 系统。云因公司推出的"云因出版 ERP 系统"完整地实现了全流程意义上的图书单项目核算，即将每本书的生产成本、应计生产成本、库存商品（如产成品[8]、在途库存[9]等）、销售成本以及其他（如补贴收入[10]）等信息都核算到单书。"云因出版 ERP 系统"是目前在国内出版行业 ERP 软件中唯一实现图书全流程单项目核算的系统。

第三，云因信息技术有限公司具有丰富的出版行业经验和软件实施经验。北京云因信息技术有限公司成立于2001年初，云因信息成功通过中关村高新技术企业认证和软件企业认证，公司致力于提供出版行业的信息产品以及相关的服务，全力推进出版行业的信息化建设。经过多年对出版社业务流程管理的了解与潜心钻研，成功开发出全套的出版社管理软件系统，主要包括以下几个模块：编务管理系统、出版管理系统、发行管理系统、财务管理系统、书店管理系统、网上发行系统、网上书店、书目数据库和信息管理平台系统。

经过多年的研发和推广，云因信息拥有了一套相对完整的出版社信息化建设的方案和相关软件产品，同时也拥有了百余家的出版社客户，如四川出版集团、商务印书馆、中国人民大学出版社、机械工业出版社等知名出版单位，得到了广大客户的认可和大力支持。同时也成功地开发了由教育部牵头百家大学出版社合力共建的中国高校教材图书网和教育部出版管理办公系统，公司核心人员都精通出版社业务和信息技术，组成了一支复合型的队伍。

云因信息凭借其先进、完善的技术和专业、周到、热情的服务领先于同行业的竞争者。

第四，云因信息拥有百家出版社的客户群体。云因信息以中国出版行业软件产品研发为核心，以市场为导向，以客户服务为宗旨，为中国出版行业的信息化建设提供全面的解决方案和全方位的技术支持服务。至2008年，云因信息在全国范围内已拥有130多家客户，经过这些用户的应用，云因出版ERP系统产品功能日渐完善，能够基本满足出版社的应用要求。

以下是云因信息的部分典型用户：

中国出版集团——以商务印书馆为典范，与中国大百科全书出版社、生活·读书·新知三联书店、中华书局、中国对外翻译出版公司、人民音乐出版社、中国美术出版总社、东方出版中心、现代教育出版社结成紧密的合作伙伴关系，共同推进中国出版集团的信息化建设。

中国国际出版集团（中国外文出版发行事业局）——与外文出版社、新世界出版社、朝华出版社、华语教学出版社、中国画报出版社、海豚出版社、新星出版社及《北京周报》、《今日中国》、《人民画报》、《人民中国》、《中国报道》杂志社共同建设集团财务管理系统。2007年共建外文出版社、新世界出版社、朝华出版社、华语教学出版社、中国画报出版社、海豚出版社、新星出版社7家出版社的ERP系统。

云因信息2005年2月在四川出版集团综合管理系统（ERP）项目中中标，经过近3年的实施，已于2007年12月27日通过验收；2007年承建外文局（中国国际出版集团）及下属7家出版社ERP系统，并已经全部实施完毕，系统投入正常运行，系统已经通过初步验收；2008年1月3日，在河北出版集团出版业务管理系统建设项目中中标，项目进展顺利；2008年年底，承建四川出版集团网上批发业务平台系统。

其他出版社用户群体还有中国人民大学出版社、机械工业出版社、北京师范大学出版社、中国劳动社会保障出版社、教育科学出版社等 130 多家。

第三节　云因出版 ERP 系统软件

目前,出版行业软件市场上有一些专门针对出版行业研发的软件系统,云因出版 ERP 系统是出版行业中客户最多、用户反映良好的一款软件系统。下面就以北京云因信息技术有限公司研发的云因出版 ERP 系统软件为例,介绍一下项目管理在软件系统上是如何体现的。

一、编务

云因编务系统以选题管理的整个流程为主线,实现对选题策划、预算、申报、实施等整个选题阶段的流程化、一体化管理。同时以选题为核心,对所有与选题管理过程关联的资源、人员、费用、合同、数据交换等进行全面、统一、有效的管理。囊括了出版社的编辑流程,包括选题策划、选题组稿、选题申报、编辑加工(初审、复审、终审)、装帧设计、图书校对、确定印数与定价等。云因系统支持编辑在线选题申报,编辑室在线选题论证管理。选题申报流程主要包括选题的报送和审批。下面就对编务系统中涉及到选题项目管理的功能逐一介绍。

1. 选题审批。系统支持编辑在线选题申报,编辑室在线选题评审和总编室在线选题论证管理。选题申报流程主要包括选题的报送和审批。

在选题申报的过程中,系统对图书的制作过程所包含的各种文档进行管理,如对原稿、排校稿、定稿、封面图片等进行上传并管理,可按图书项目便捷地查找到相关的文档或文档地址索引。

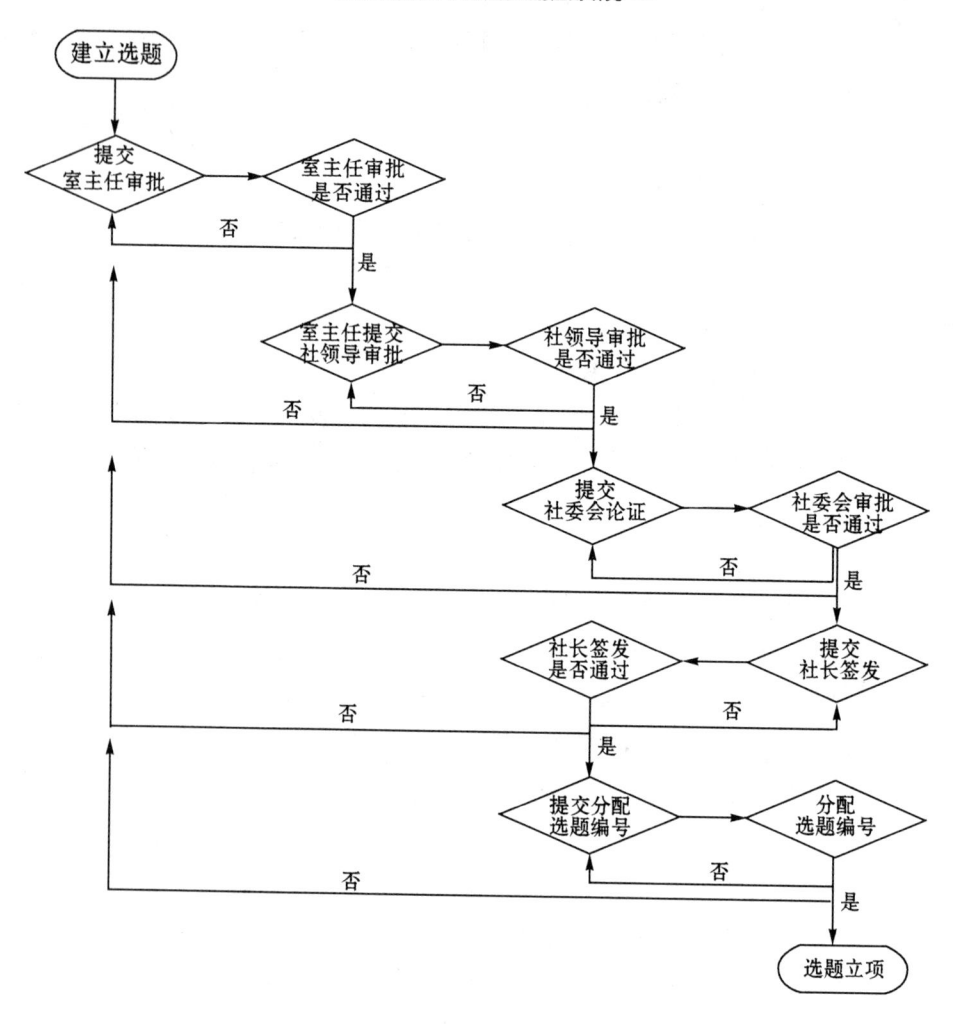

图 7-1　选题申报流程图

2. 成本预测。选题的成本预测和预期利润是确定选题能否立项的重要环节。云因编务系统可根据出版系统中的材料、工价、印刷数量进行运算，提供选题的成本估算，做到估算准确。为了简化成本估算的操作，系统可以提供多种估算模板供策划编辑选择。以下是成本估算信息填写页面：

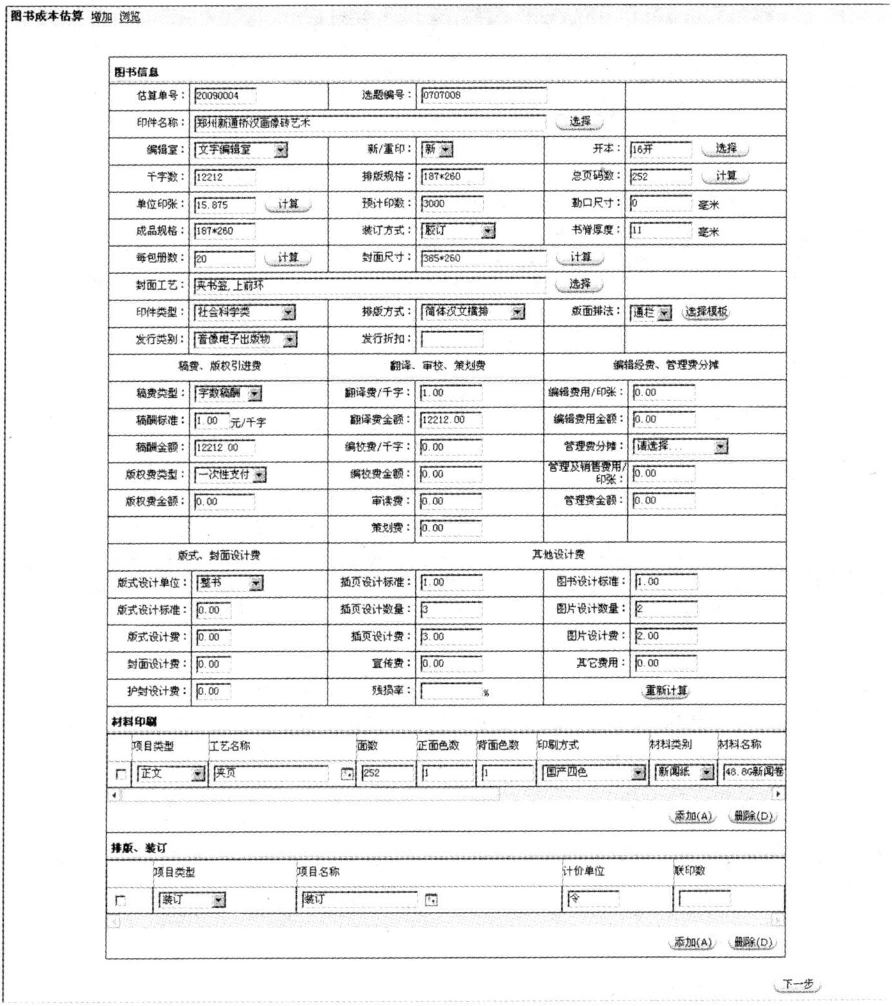

图 7-2 云因信息成本估算信息填写页面

可以将常用的印装工艺的图书预测信息保存成为模板，与此印装工艺相类似的图书可以通过选择相应的模板进行成本预测，这将大大节省重新录入印装工艺的工作量。

云因编务系统-印制成品估算单

编号：20080004		估算日期：2008-11-12			估算员：系统管理员		
书名	2002年过好暑假 小学二年级（人教版）					印张	148.625
开本	16开	排版规格 31*30	成品尺寸 203*280	页码数 2378	印数 111	系统定价 747.27	编辑定价 746.88
封面尺寸	413*280	勒口 2	千字数 2211	稿费 2,211.00			
版权费	22.00		编辑费 32,994.75	管理费 1,649.74		翻译费	2,211.00
审校费	2,212.00	策划费 2.00	版式设计费 1.00	封面设计费 1.00		护封费	1.00
插页设计费	2.00	图片设计费 2.00	材料费 1,778.19	印制费 576.56		其他费用	2.00
印张单价	2.65	估算成本 390.97	成本率 0.5234689558697510	发行折扣 0.65		最低印数	102

材料用纸及费用

项目	纸张名称	开纸	用纸正数（令）	加放率	用纸合计（令）	纸张单价	金额
正文	55克书写卷筒 787*1092	16	16.4970	12	16.6950	106.50	1,778.02
封面	45克字典纸 787*960	16	0.0140	22	0.0140	12.00	0.17

印纸及装订费用明细

项目	数量	单价	金额	单位
排版	2	14.00	28.00	面
零件	111	2.00	222.00	册

费用总计：43,668.24　　编辑定价利润额：1,635.32

不同定价保　不同印数时　打印(P)　返回(B)

图7-3　云因信息印制成品估算页面

3. 发稿流程。云因信息发稿流程管理支持论证通过的在线选题立项、三审、电子稿管理；支持编辑在线填写发稿单、装帧设计单、填写 CIP 数据单；支持部门领导、社领导在线签发流转三审作业单、发稿单、装帧设计单；支持书号实名制程序，编辑在线可做书号的申请工作，总编室可及时合理安排书号，配给相应的条码。

按照出版社分工，具体操作如下：由室主任选择文字编辑进行书稿加工，由文字编辑填写加工信息，并由策划编辑填写装帧设计信息、封面设计信息、CIP 数据和新书预告单。封面有其他信息的，还要提交总编室审批。

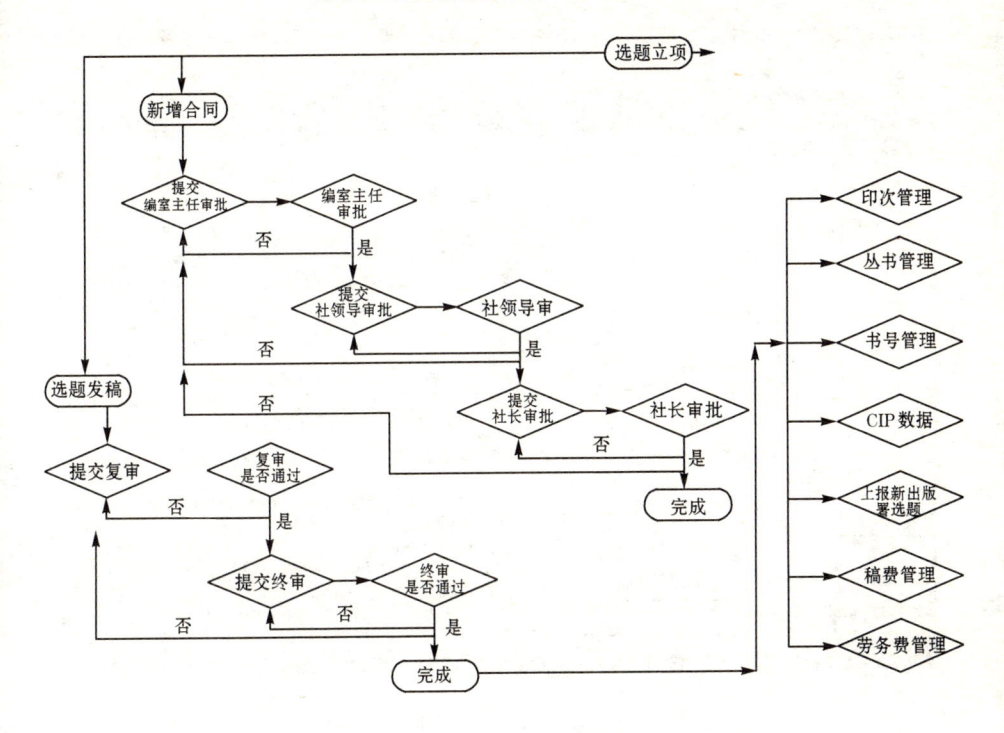

>>> 第七章 图书出版项目管理软件的开发和使用 <<<

图7-4 发稿流程管理

4. 合同管理。系统可随时对合同的基本信息进行管理,可查询合同的审批进度、状态、签订时间及合同有效期等情况,可对合同进行变更、撤销,可对合同附件进行添加和撤销。具体操作程序如下:

首先在系统中将合同中的要素信息填写完成,然后系统会自动调用预先制定的合同模板,并带入合同要素信息,以合同样本的形式进行预览或打印,然后将合同信息同选题信息一并进行申报和审批。系统可将合同文本进行打印,以便出版社进行保存。

以下是合同相关页面:

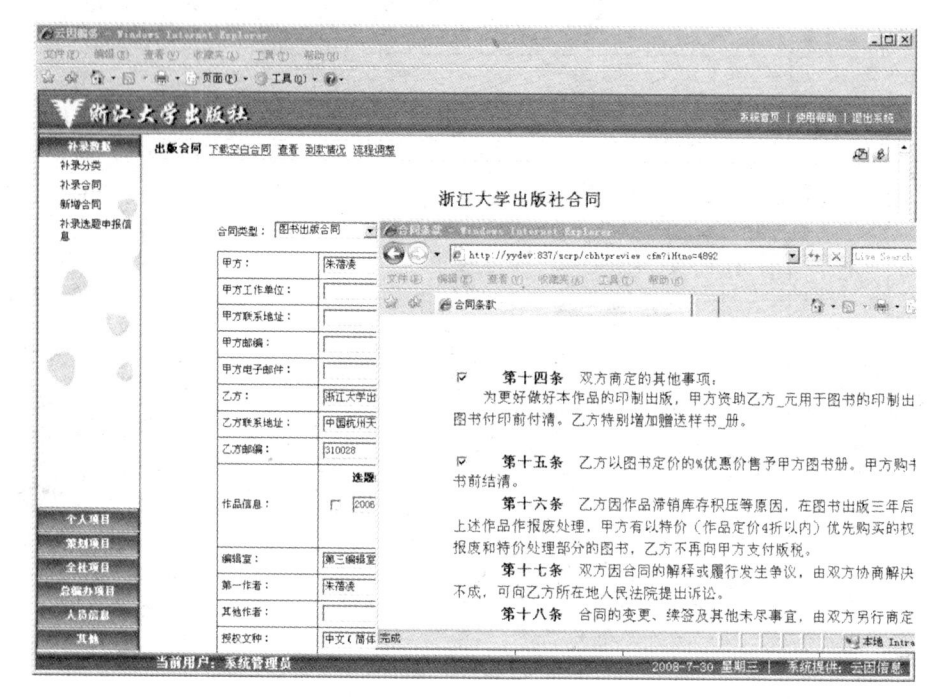

>>> 项目管理在图书出版行业的应用研究 <<<

图7-5 云因信息出版合同管理页面

以下是对合同状态的查询页面：

图7-6 云因信息合同状态查询页面

单本书的状态查询如下图所示：

流程	状态
选题申报流程	已完成
出版合同审批流程	已完成
选题发稿（三审）流程	指定复审人
CIP申报	尚未进行
封面设计流程	已完成
版式设计流程	美编处理
选题校对流程	已完成
印前审读	尚未进行
印前审核流程	尚未进行
ISBN分配	尚未进行
提印流程	尚未进行

图7-7 云因信息单本书状态查询页面

5. 印数定价核准流程。印数定价核准流程包括新书印数定价核准和重印书印数定价核准。新书印数定价核准是在付型完成后，出版中心向策划编辑提交预印单，由策划编辑填写印数、定价建议，然后经室主任审批后提交销售中心和总编室进行审批。重印书印数定价核准是由系统生成重印分析信息，包括历史印次、印数、时间等信息，相应类别的指定时间段内的调拨数等。

6. 稿费。系统根据指定的条件提醒编辑支付稿费。具体操作程序为：编辑按照合同中约定的支付标准和支付数量开具稿费支付申请单，交由室主任和总编室审批，审批通过后，费用自动进入财务系统生成稿费支付凭证。可以在开制稿费单时，显示已支付稿酬信息，方便编辑使用。

以下是稿费申请单的页面：

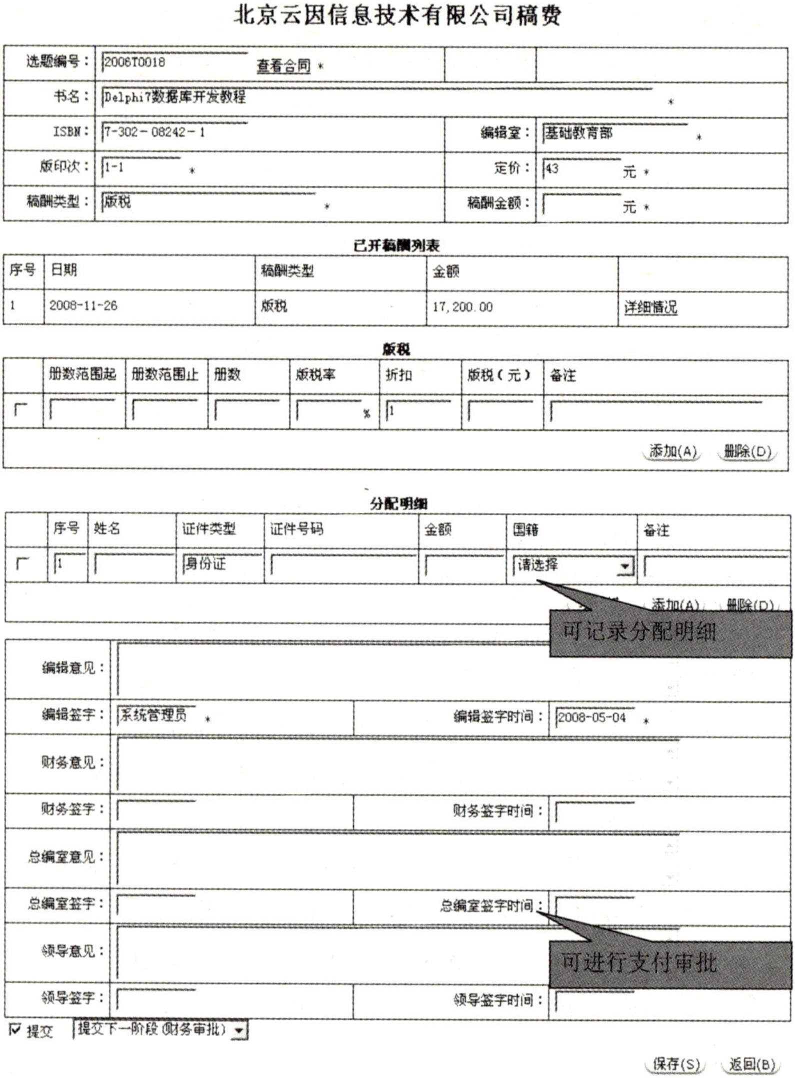

北京云因信息技术有限公司稿费

选题编号：	2006T0018 查看合同 *		
书名：	Delphi7数据库开发教程 *		
ISBN：	7-302-08242-1	编辑室：	基础教育部 *
版印次：	1-1 *	定价：	43 元 *
稿酬类型：	版税 *	稿酬金额：	元 *

已开稿酬列表

序号	日期	稿酬类型	金额	
1	2008-11-26	版税	17,200.00	详细情况

版税

	册数范围起	册数范围止	册数	版税率	折扣	版税（元）	备注
┌				%	1		

添加(A) 删除(D)

分配明细

	序号	姓名	证件类型	证件号码	金额	国籍	备注
┌	1		身份证			请选择	

添加(A) 删除(D)

编辑意见：			
编辑签字：	系统管理员 *	编辑签字时间：	2008-05-04 *
财务意见：			
财务签字：		财务签字时间：	
总编室意见：			
总编室签字：		总编室签字时间：	
领导意见：			
领导签字：		领导签字时间：	

☑ 提交 提交下一阶段（财务审批）

保存(S) 返回(B)

图 7-8 云因信息稿费申请单页面

7. 劳务费。编辑根据需要和前期确定的费用标准填写劳务费支付申请单，交由室主任和总编室审批，审批通过后，费用自动进入财务系统生成劳务费支付凭证。以下是劳务费申请单的页面：

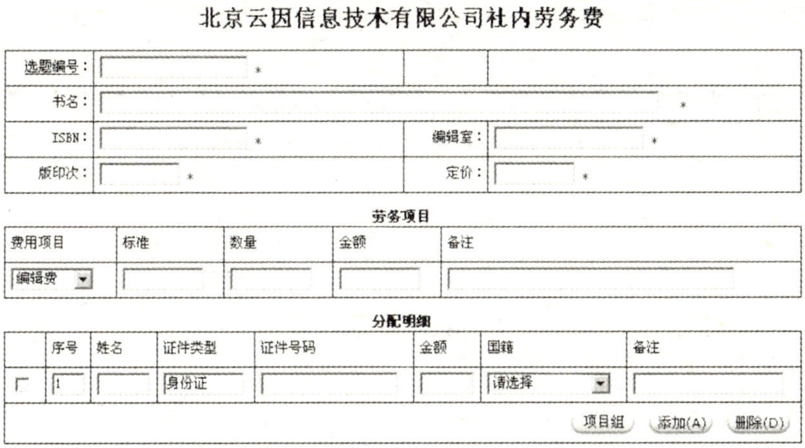
北京云因信息技术有限公司社内劳务费

选题编号：	*		
书名：	*		
ISBN：	*	编辑室：	*
版印次：	*	定价：	*

劳务项目

费用项目	标准	数量	金额	备注
编辑费				

分配明细

	序号	姓名	证件类型	证件号码	金额	国籍	备注
	1		身份证			请选择	

项目组　添加(A)　删除(D)

图 7-9　云因信息劳务费申请单页面

二、印制

出版部作为出版社的主要生产管理者，需要在印前对图书的印制成本进行比较准确的估算，在印制过程中，直接负责图书的生产进度、印制质量和纸张材料的采购、使用及管理，还负责安排图书的排版、印刷和装订等生产流程并对图书的生产成本进行监控。所以说，出版部的工作将直接影响到图书的出版时间和印制质量。

实施印制管理系统的目的就是将图书生产的管理过程，通过计算机有序地连接起来，同时为财务、发行系统提供相关的基础数据，进行无缝连接，实现信息资源的高度共享。

出版部的工作主要包括印前管理、材料管理、印制管理和工价计算这几个方面，贯穿图书发排、校对、版式设计、美编设计、开印单、材料出入库等多个业务环节。印制部门的工作流程图如下：

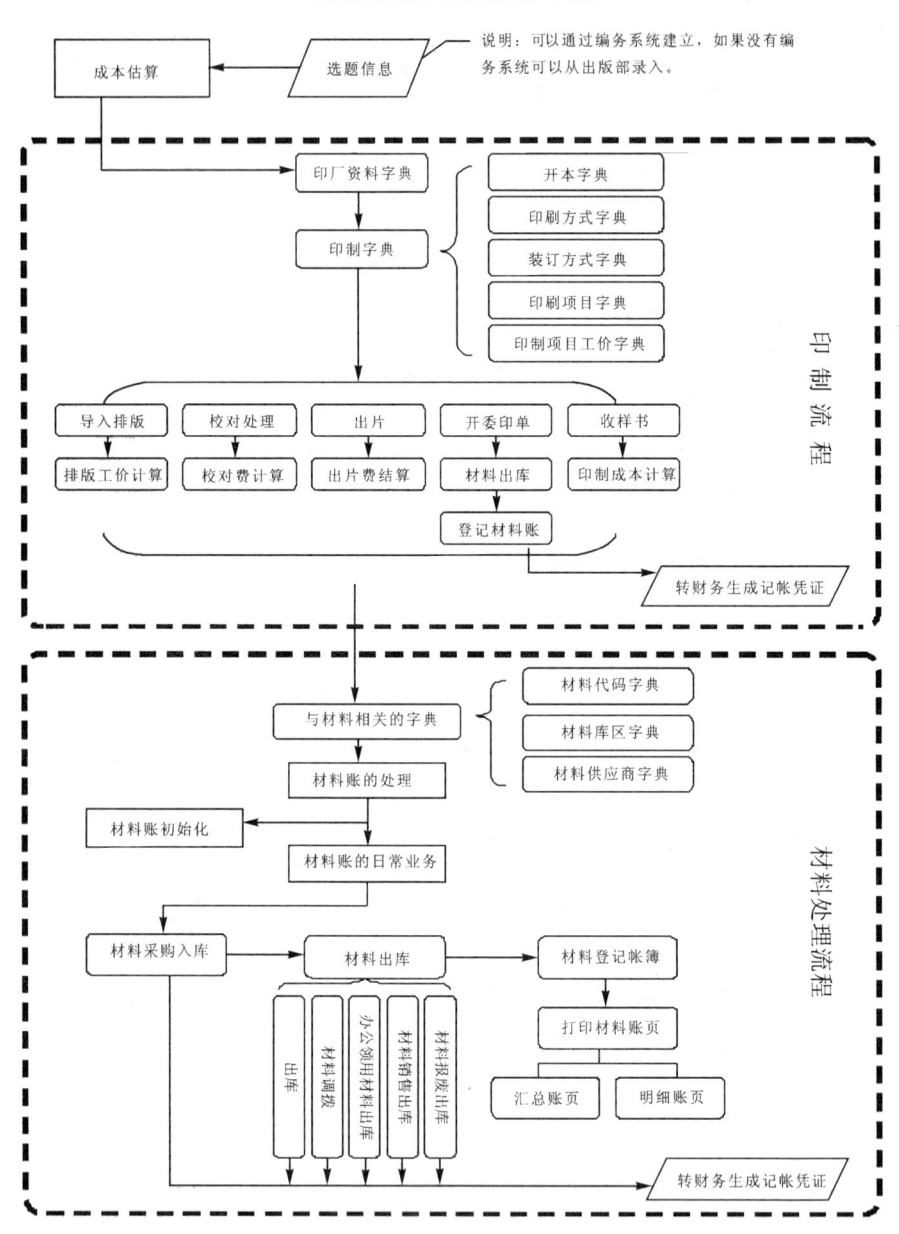

>>> 项目管理在图书出版行业的应用研究 <<<

说明：可以通过编务系统建立，如果没有编务系统可以从出版部录入。

图 7-10 印制流程图

针对出版行业印制部门的工作环节,云因信息的印制管理系统功能结构图如下:

出版系统主要功能			
材料管理	印前管理	印制管理	费用管理
● 材料采购管理	● 成本预算	● 印制委托书管理	● 发排工价计算
● 材料调拨管理	● 发排管理		● 校对费管理
● 材料出库管理	● 图书校对	● 发印统计	● 印装工价计算
● 材料库存管理		● 出书统计	
● 材料采购汇总		● 样书管理	
● 材料出库汇总		● 印厂管理	
● 供应商管理			

图 7-11 印制系统功能结构图

印制系统的主要功能包括图书成本估算、材料管理、设计及发排管理、印制管理等。

1. 图书成本估算。

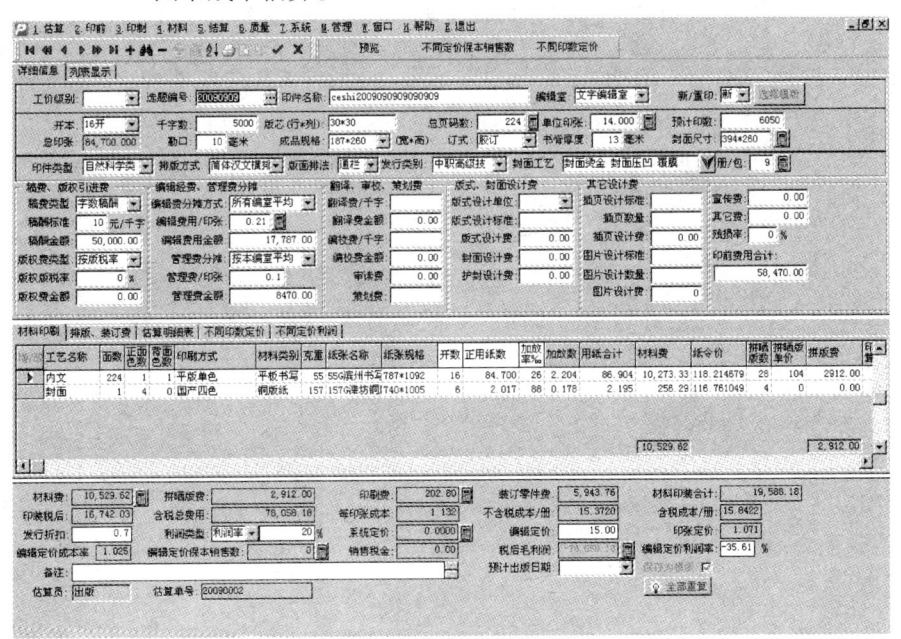

图 7-12 云因信息图书成本估算页面

云因印制管理系统提供了完整的图书成本、定价预算的功能。出版社使用时,可以根据选定的纸张材料,自动计算用纸量、材料费、印刷费、拼晒版费;可自动计算装订费、各种印制工艺的费用;自动计算出图书的定价,为图书定价提供参考;根据给定的发行折扣,自动计算保本销售数、预计利润等。为了尽可能地减少录入工作量,大部分项目采用选择录入方式;同时使用了模板化设计,可以预先定义各种图书的预算模板,通过调用相应的模板,迅速生成一张新的预算单。

在相关项目确定的情况下,该系统还提供了在给定的定价范围内,自动计算各个定价的成本及预期利润的功能。

2. 材料管理。纸张材料作为图书内容的载体,在图书的成本中占有相当大的比重,在出版社的资金流中也占用了相当大的比例。有效的管理,合理地控制纸张材料的库存量,可以避免浪费,节约生产成本。材料管理主要实现以下功能:

第一,材料采购计划。材料采购前,首先要填写采购申请单,包括供货商、采购品种、预计价格、采购数量等。采购申请经主管领导审批后,即可正式进行纸张材料采购。同时有查询、打印、汇总报表等功能。

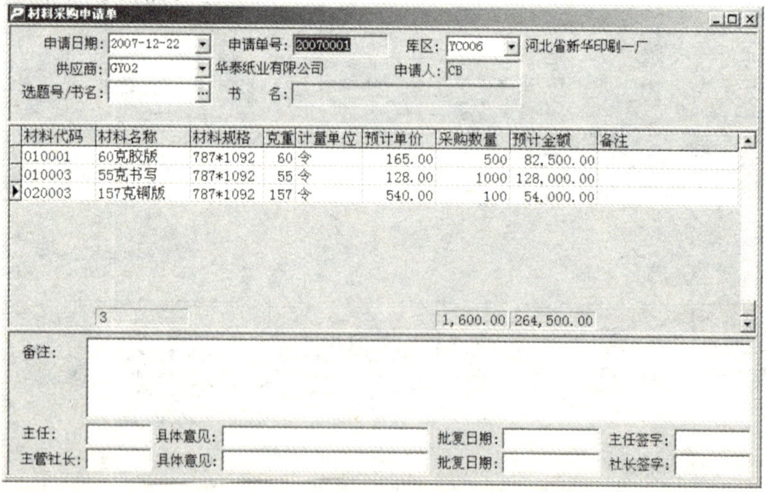

图 7-13 云因信息材料采购计划页面

第二，异地仓储管理。在云因系统中，每个存放纸张材料的印厂、库房，都在系统中建立独立的库区编码，所有的纸张材料业务都针对库区进行操作，可清楚地处理每个品种在任一库房的入库、出库、调拨、库存等情况。

　　第三，材料预收入库。为了及时准确地掌握每个材料品种在各个库区的实际库存情况，同时为财务及时提供应付材料款的准确信息，系统引入了材料预收的概念，即将已经入库，而供应商还未开具发票的纸张，按合同价在计算机的材料系统中进行登记。为了减少录入工作量，材料预收入库单可以由上面的材料采购申请单自动生成。

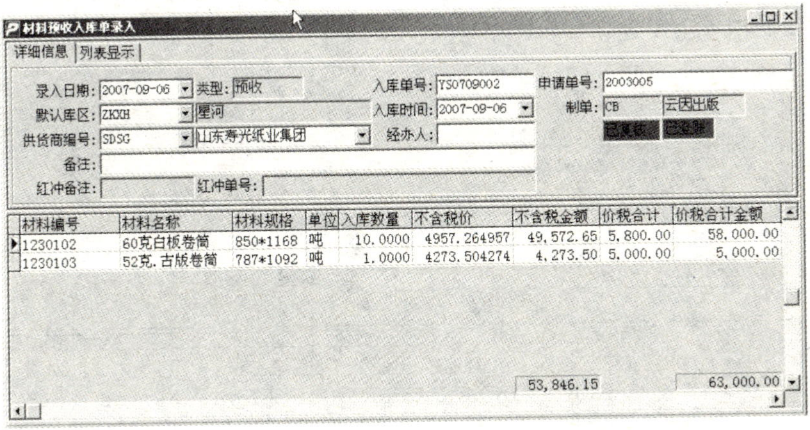

图7－14　云因信息材料预收入库页面

　　第四，材料实收入库。当出版部收到纸张供应商开来的发票后，需要按照发票所开的材料品种及发票单价、数量，在计算机系统中进行材料实收入库登记，并同时冲减预收入库的相应记录。为了减少录入工作量，材料实收入库单可以由材料预收入库单自动生成。

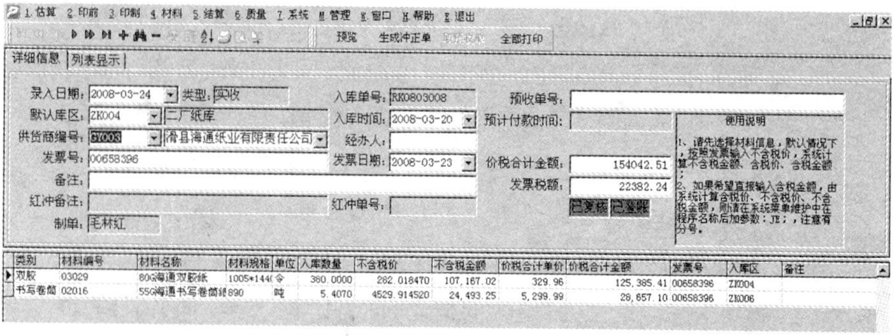

图7-15 云因信息材料实收入库页面

第五,材料销售。材料销售是指出版社采购回来的纸张,因某些客观原因销售给印刷厂或其他客户,出版社需要将这部分纸张做销售出库处理,以减少库存。

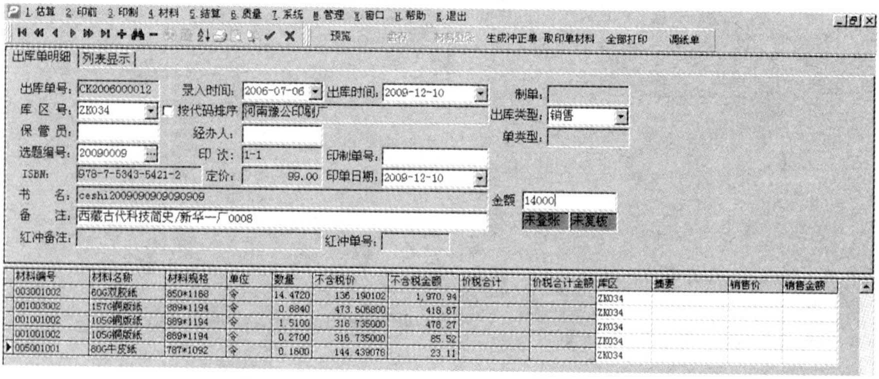

图7-16 云因信息材料销售出库单页面

第六,材料变型。通过将需要变型的纸张材料做出库,要变成的纸张做相反数的出库,在同一张变型单中实现材料的变型。

第七,材料印制出库。印制委托书中的各种纸张材料计算完成后,由材料管理人员负责填制材料出库单。云因系统提供了两种填制材料出库单的方式:手工录入出库单信息或从印制委托书自动生成材料出库单。

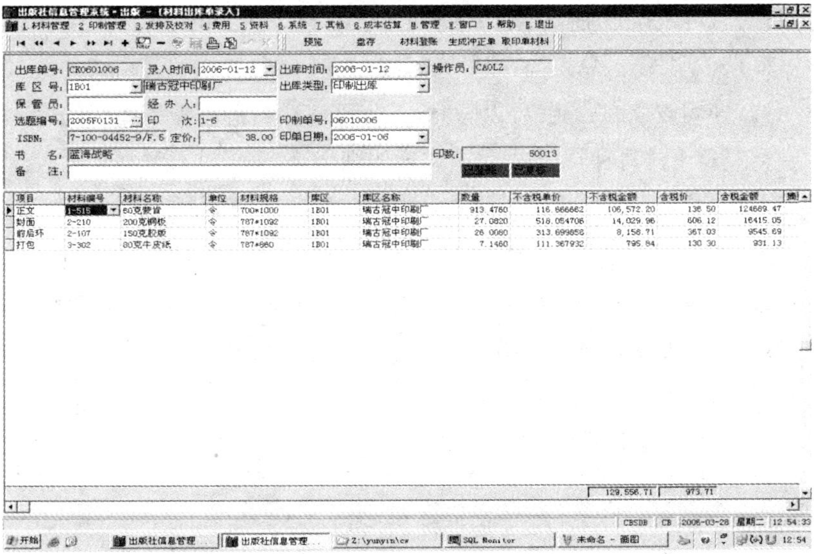

图7-17　云因信息材料出库单页面

第八,材料调拨。目前出版社对纸张材料的管理存在两种模式:一种是出版社用自己的纸张材料库房,另一种是出版社把纸张材料放在印厂,把印厂当成自己的仓库。大部分出版社对纸张的管理都采用后一种模式。当需要把纸张调入印厂时,云因管理系统中的材料调拨功能可以实现纸张材料在库区之间的调转。

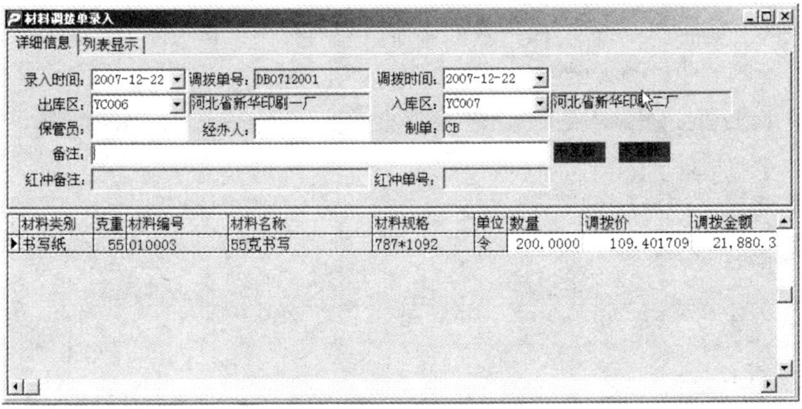

图7-18　云因信息材料调拨单页面

第九,材料查询、库存管理。材料库存查询功能是一套材料账综合查询系统,包括任意时间段、任意品种、任意库区的材料出入库、调拨明细、汇总查询,并可打印或导出 Excel、纯文本等格式的文件。使用该查询功能,可以随时了解:每一种材料在各个库区的库存量;每个月每种材料的入库、出库明细记录;每个月每种材料的入库、出库汇总数;每个供应商的采购明细;以前年度材料账的情况。

第十,材料库存综合查询。可以按材料品种查询在每个印厂的库存情况,也可以按印厂查询每个材料品种在该厂的库存情况,包括各个月份的入库、出库、调拨及月末库存。同时也可以查询以前年度的材料库存情况。

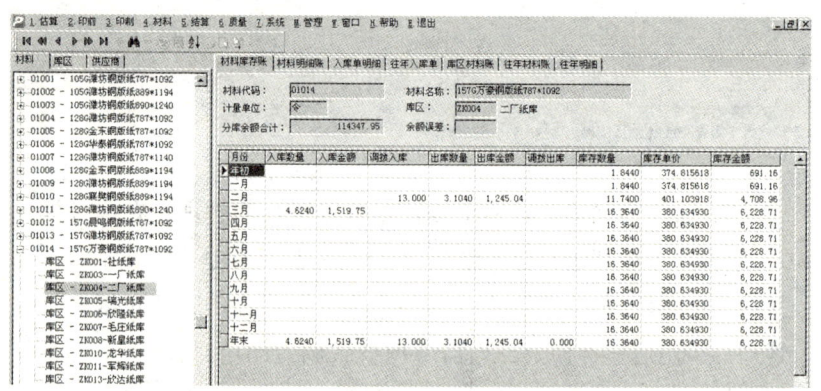

图 7-19　云因信息材料账综合查询页面

第十一,按材料品种查询打印材料库存。提供每个材料品种在相关印厂的入库、出库、库存信息的查询打印。

图 7-20　云因信息材料库存查询页面

第十二，按印厂查询打印材料库存。提供每个印厂存放的纸张材料的入库、出库、库存信息的查询打印。

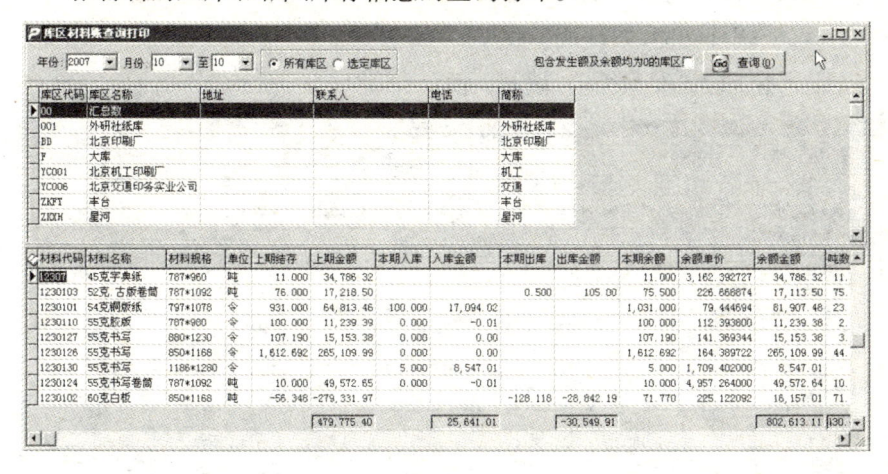

图7-21　云因信息库区材料账查询页面

第十三，材料明细账查询打印。按印厂、品种查询打印纸张材料的入库、出库、调拨明细，可用于与印厂的纸张材料账对账及作为账簿保存。

图7-22　云因信息材料出库查询页面

3. 版式设计及发排管理。记录每本书的版式设计信息、排版信息、排版厂、软片数以及排校改等信息的登记,并可实现相关的查询、统计功能,如设计字数等。

下图为"发排凭单"填制页面:

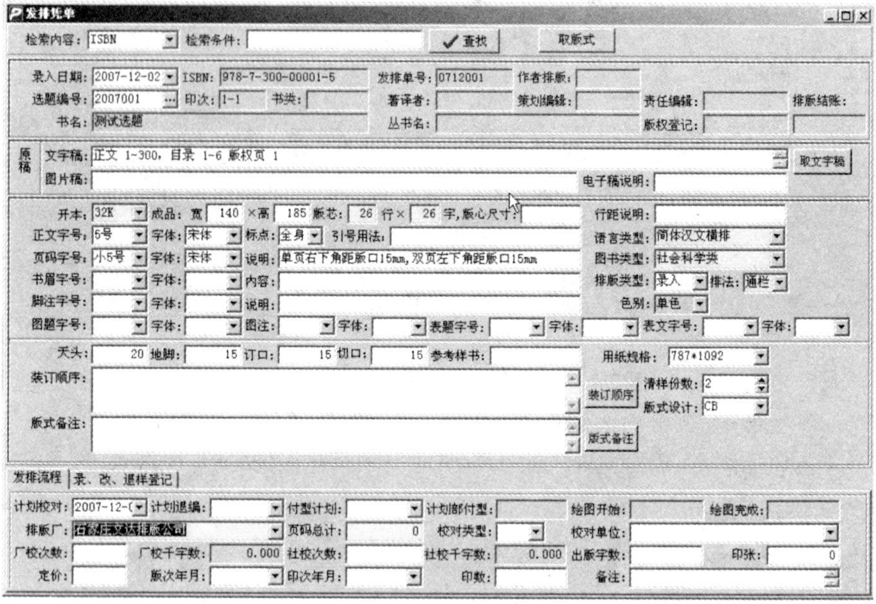

图 7-23 云因信息发排凭单页面

4. 照排工价结算。照排工价结算基于事先定义好的各种照排项目工艺的结算工价,如录入、出片、多出纸样等。这些工价可以按图书的版面、开本等分别定义。对于已完成的图书,结算照排工价,可以依据工价字典自动计算,对于某些偶然发生的费用,也可以人工录入,并打印结算工价单,作为结算工价的依据。在云因财务系统中,这些费用可以自动获取,生成记账凭证。

图 7-24 云因信息照排工价结算页面

5.校对稿件登记。当图书清样完成后,由校对科安排校对工作,填制校对流程控制卡,该卡详细记录校对稿的分配情况,如校对人、校对页数、校对字数、开始日期、完成日期、应付校对费等。根据校对工作的实际情况,系统将校对过程作为一个子流程单独提取出来,进行校对过程登记,以便于统计校对数据、校对费结算等。

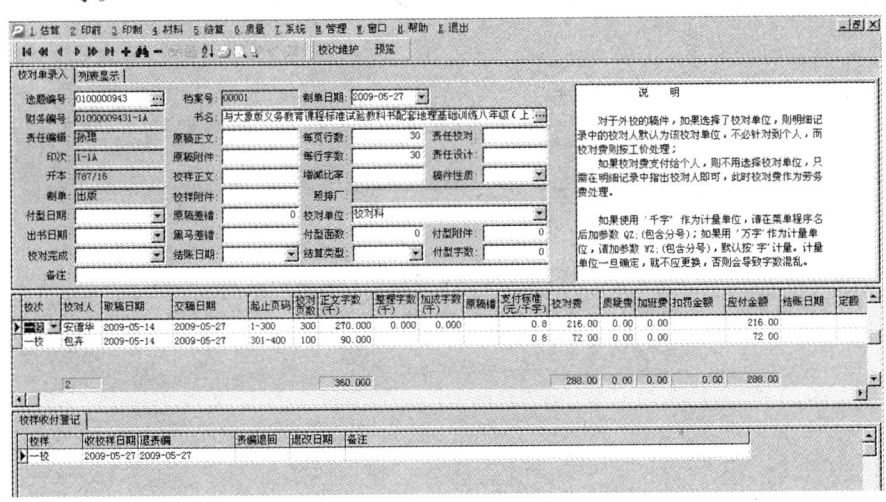

图 7-25 云因信息校对流程录入页面

6. 印制管理。印制阶段是图书生产过程中最重要的阶段,印制通知单是印刷厂印刷图书的依据。在云因印制管理系统的印制通知单功能中,除开具印制委托书外,根据纸张材料项目的印张数,能够自动计算该项目的用纸数,根据给出的材料加放率,能够自动计算纸张加放数;如果使用社备纸,根据材料管理中的材料库存单价,能够自动计算材料费,并生成材料出库单。可以按印厂、按印制项目生成各种查询统计数据,同时提供了与国家新闻出版总署出版统计上报系统的接口数据。

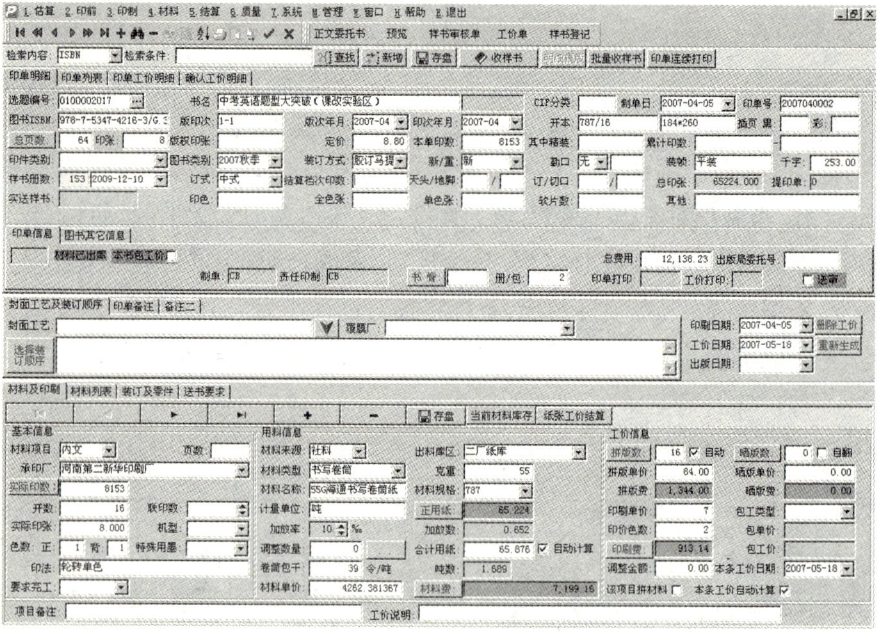

图 7-26　云因信息委托印刷通知单页面

7. 印制工价计算。印制工价计算是出版社非常关注的环节,而且是实现难度最大的部分。云因印制管理系统提供了各种印制工艺的工价定义功能,出版社可以根据实际情况定义各种工艺的工价计算公式,并将工价计算集成到印制委托书录入功能中,只要印单开完,该印单的各项费用就可以自动计算出来。为图书的成本控制及财务生产成本核算提供了非常准确的数据。

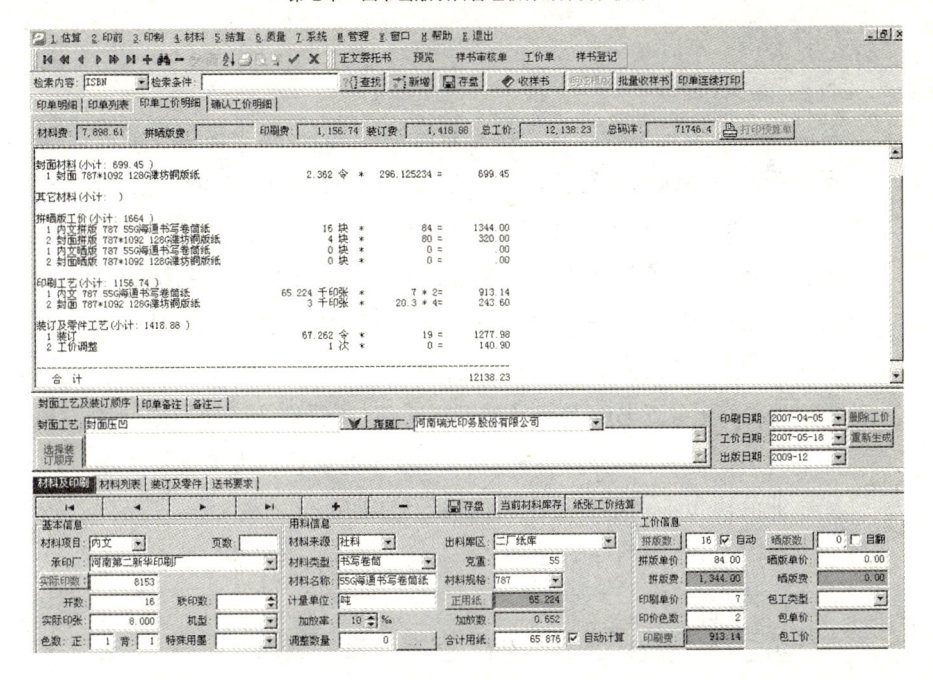

图7-27 云因信息印制工价计算页面

8. 发印统计表。按任意给定的时间段统计出版部图书发印情况，如印数、承印厂、用纸量等。

图7-28 云因信息发印情况统计页面

9. 业务查询。为方便出版社相关领导能够随时了解图书生产、工价费用、纸张材料库存等情况，云因提供了相应的查询功能，主要有发印情况统计表、质量统计表、样书情况统计表、材料库存统计表。

三、发行

发行系统是出版社管理信息系统的一部分，用于出版社的发行部门。本系统将发行工作的各个环节尽可能信息化、电子化、流程化，通过与编辑、出版、财务系统的紧密衔接，实现业务、财务数据一体化，提高了工作效率和数据的准确性。云因发行系统除完成对图书的进、销、存的基本管理功能之外，还重点加强了对客户的管理，以下是云因发行系统的功能特点：

第一，针对图书的发行过程进行管理，从管理及统计等多个角度对整个出版社的运行进行分析，为领导提供管理决策支持。增加企业的决策准确度和对市场反应的敏感度。

第二，可按产品分类、地区分类、客户性质、销售部门等多个不同层次进行统计。

第三，对出版社的产品库存、已发货未开票库存（代销）、应收账款、开票情况、回款情况进行分析统计，并提供了多种统计方法。

第四，快捷、准确地获取某一品种的销售、回款分析数据、某一地区的销售分析数据和某一品种（或某一类出版物）在不同时间段的销售情况的比较数据，为出版社按市场需求及时调整出版计划、控制编务和出版部的工作进度、避免产品的积压提供详实的数据支持。

下面是云因发行系统的流程图，从图中可以看出图书的流向及在各个环节的状态。

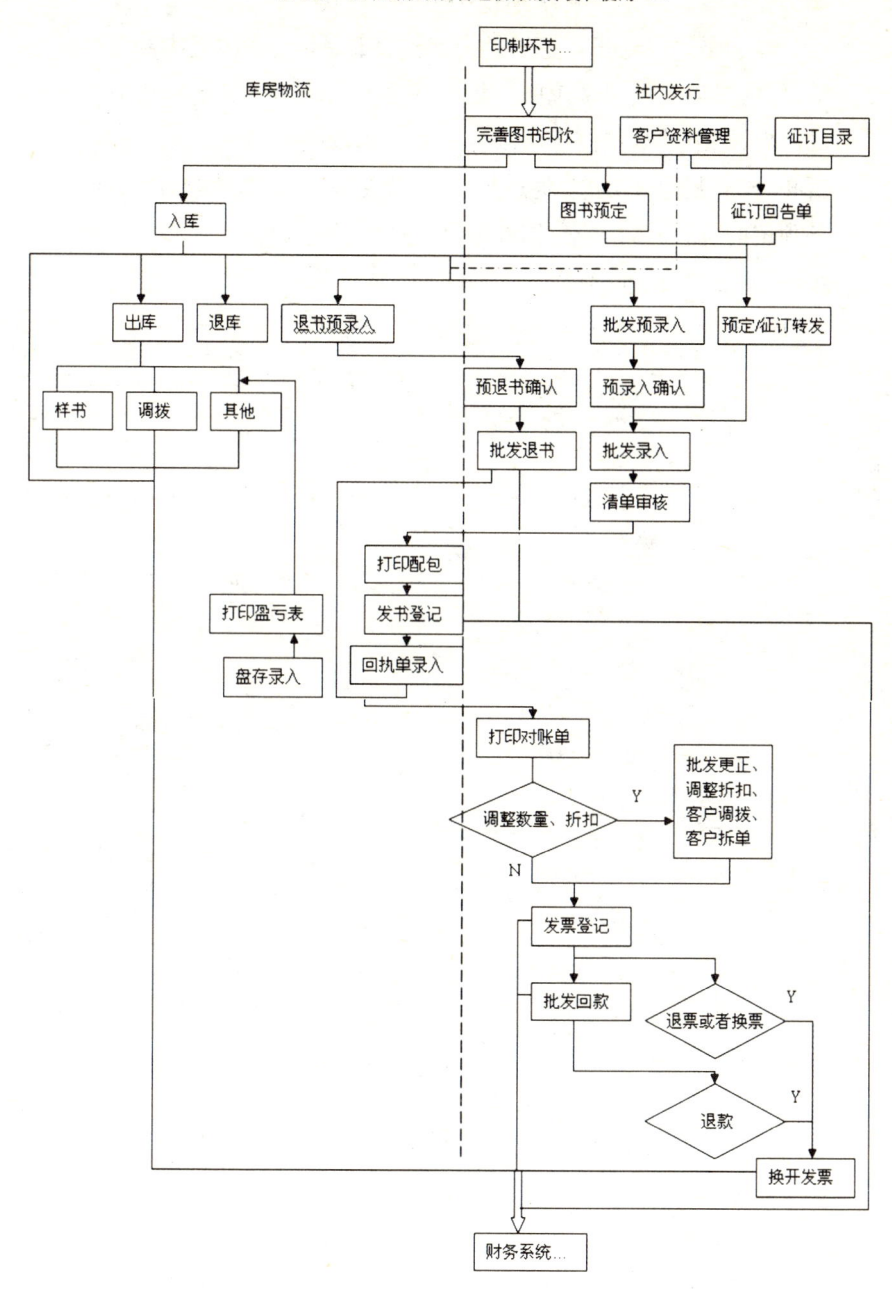

图 7-29 发行流程图

1. 图书资料维护。选题信息经过认证、审核、校对、印制等环节,成为可以在发行系统中销售的图书产品。为了满足发行业务的需要,图书的某些信息可以再次修改,比如图书代号、业务分类、折扣分类、其他分类、主发分类、使用对象等,这些都是专为发行业务预留的,而书名、编室、作者等信息发行则无权修改,兼顾了基础数据的一致性和准确性。

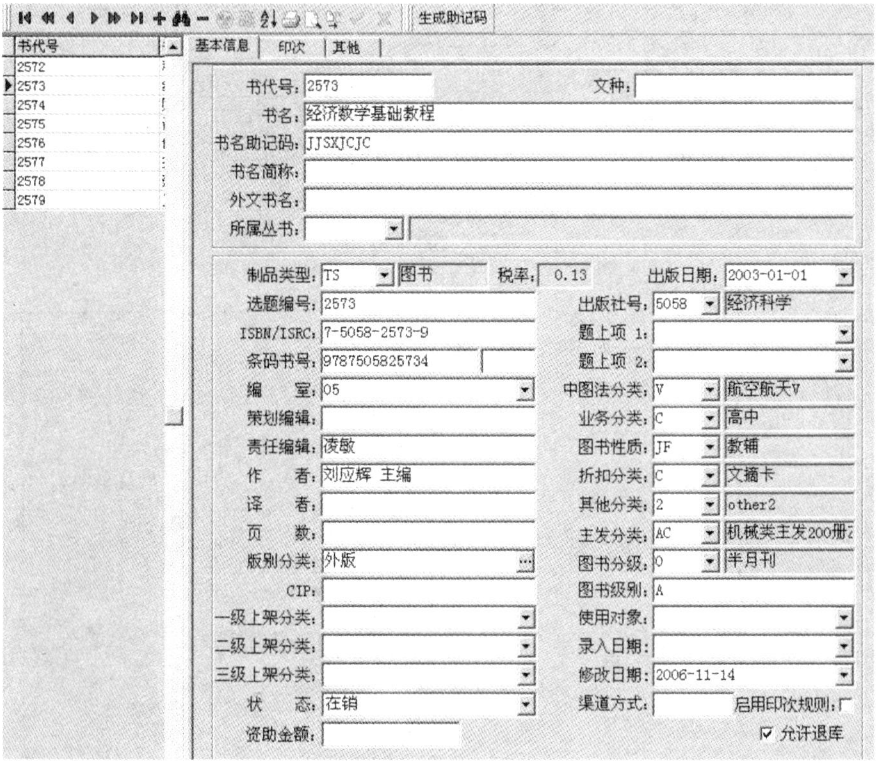

图 7-30　云因信息图书资料维护页面

2. 客户资料维护。客户是发行系统的业务对象。该信息的创建必须翔实准确,其中客户编码标识了客户的唯一性,一旦发生业务则不能修改,而业务员、发货方式、收货地址、结算客户等信息可以随着业务的变化而变更,既满足了同一客户数据查询统计的一致性,又方便了客户信息的维护。

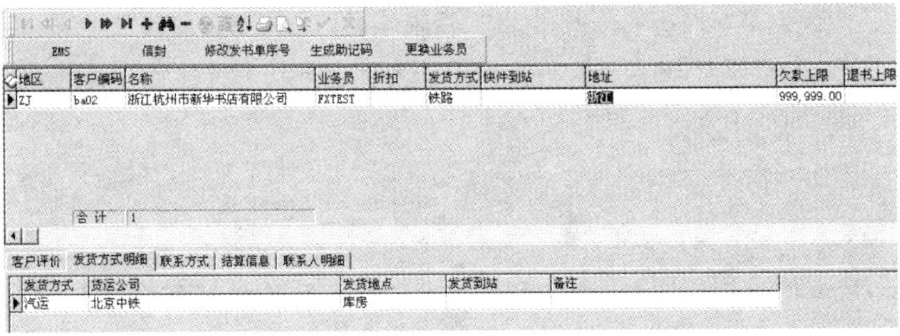

图 7 – 31　云因信息客户资料维护页面

3. 入库。图书印刷、装订完工后,印厂(装订厂)送书给库房,登记入库信息,在此需要确认图书的单价、册/包、包/件、库位等信息,要求单价必须和图书基本信息中的内容一致,以保证后期发货的正确性。

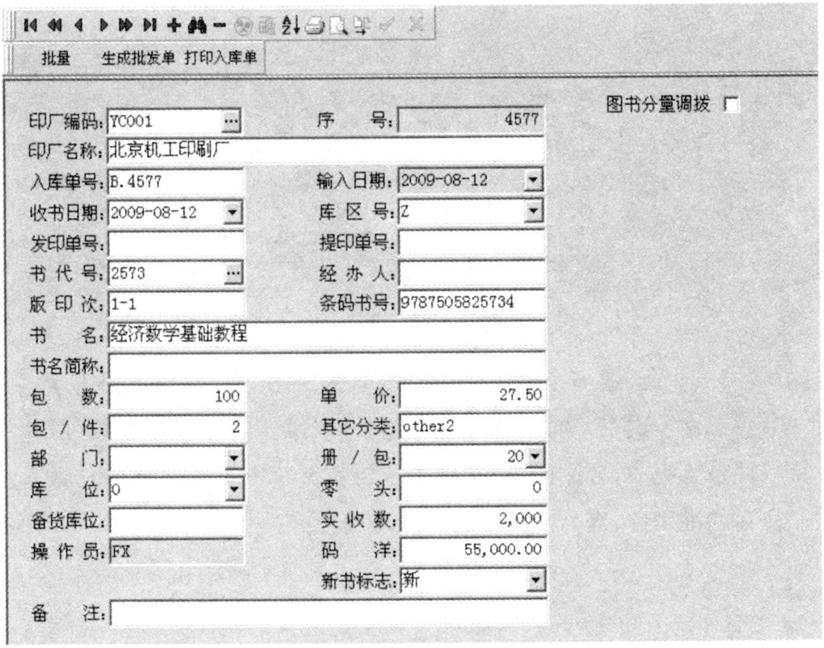

图 7 – 32　云因信息入库登记页面

4. 批发。批发是发行的核心业务。制作批发单需要经过制单、确认、审核、打印等环节,发货给下游客户。在这个过程中各个流程点都有对应的单据和标志,清晰地标识了图书当前的入库、库存、发货信息,跟踪了客户批发单的各种业务状态,提高了发货速度,降低了发错书的几率。

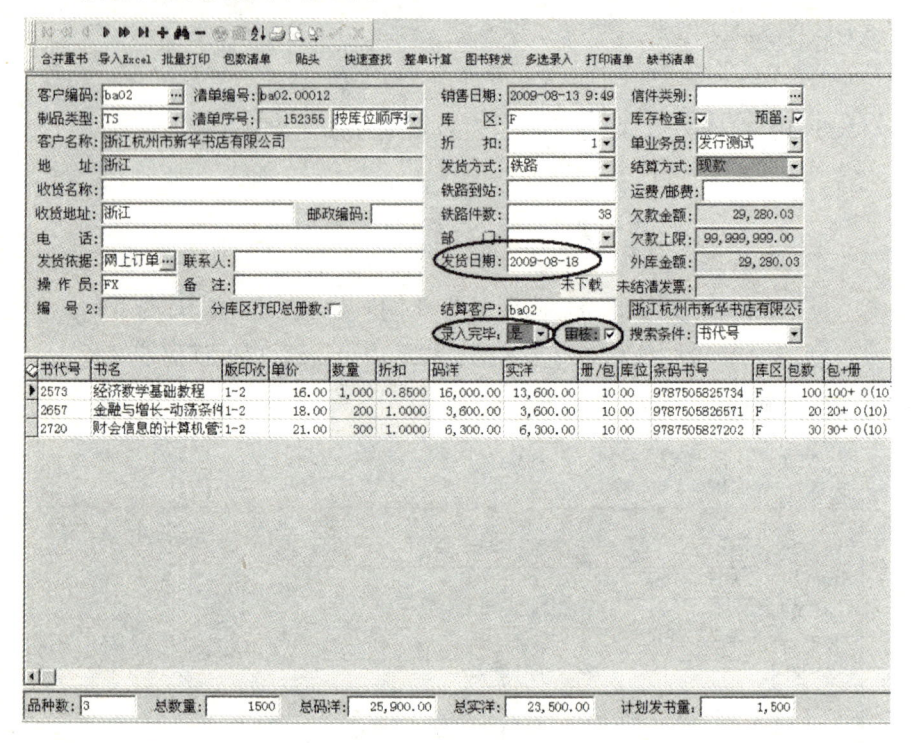

图7-33　云因信息图书批发录入页面

5.退书。退书是各个出版社最耗费工作量而收益最少的环节。在做预退书单时,各种退书,包括残书数、好书数、报废数可一次性录入完成,分库区管理,减少了再次分拣图书的麻烦,增加了库存的准确性,提高了图书的再次利用率。

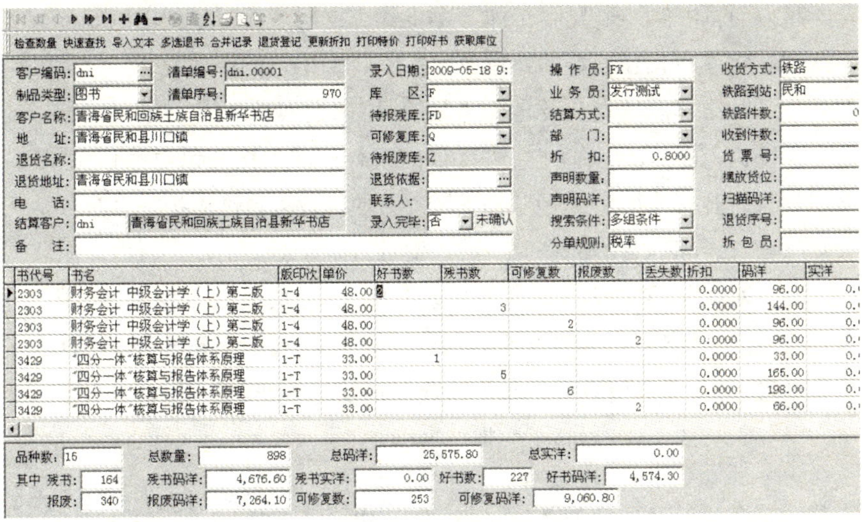

图 7-34 云因信息退书录入页面

6. 出库。除了批发这种销售类型的出库,还有样书出库,调拨出库和其他出库,这些出库是非销售类型的。其中样书可分为赠书、编辑室样书等,调拨是库区间调整库存,整体库存不发生变化,其他出库一般用于库存调整,比如盘存等。

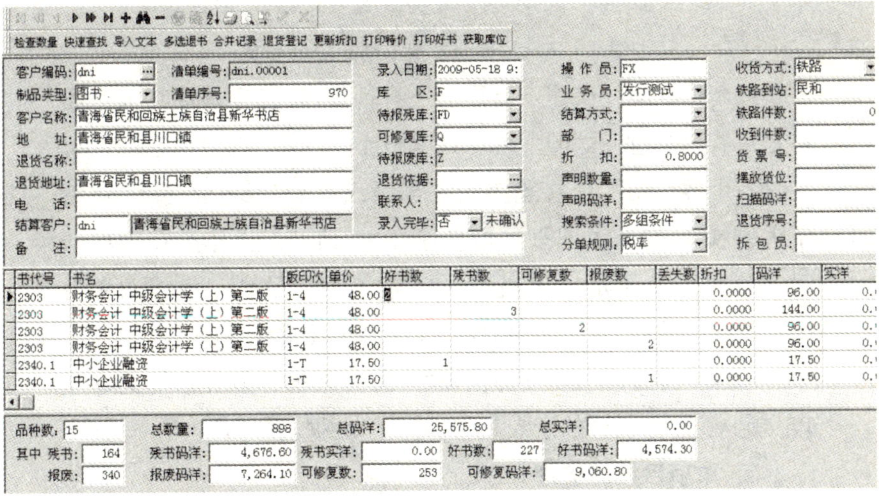

图 7-35 云因信息非销售图书出库录入页面

7. 盘存。盘存是出版社盘点库房图书的一个方法,分为盘存录入、打印盈亏表、盘存出库三个步骤。定期盘存可起到电脑库存和实物库存相互监督的作用。

8. 结算。批发业务是后结款的，所以批发单和退书单可以相互冲销，在打印对账单时，可以自由组合打印本次开票对账信息，并且有客户账期、欠款上限的设置，方便了业务员准确把握客户欠款信息，及时归拢外流资金，减少发货风险。

对账无误的清单在发票登记中导入，形成发票后做回款、销账，这些状态标志都清楚地标识在清单中，有利于业务员查询统计销售数据，并且所有的销售汇款数据都及时传到财务系统，减少了财务人员的工作，提高了数据的准确性。

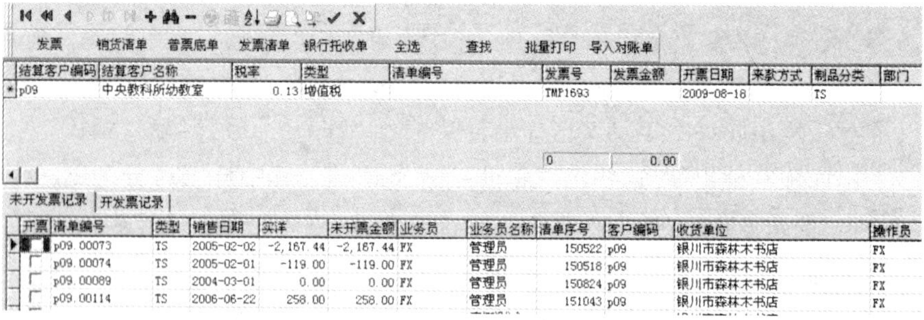

图 7-36　云因信息图书结算清单页面

9. 个性功能。云因发行系统还有征订、预订等个性功能。征订是对有出版意向的图书可以先制作征订目录，然后回填征订单，汇总各个客户的征订数，作为是否出版或者印刷多少的参考，避免了市场风险，提高了图书的市场迎合率；预订是操作员在做单据时，如发现库存不足，可以先做预订单，待库存足时，再转预订单为批发单，这样既节省了做单时间，又提高了发货准确率。

10. 财务对接。发行中的各种业务往来都和财务系统无缝连接，减少了财务人员的录入工作，提高了数据的严谨性。

四、单项目核算管理

"单项目核算管理"是个由来已久的概念，但是之前的"单项目核算"的概念是单品种的生产历史成本的事后核算，也就是一本书结算完毕,发货也差不多结束的时候,才考核这本书的盈亏,这与项目管理的"单项目核算管理"的概念是有区别的。云因管理系统提出的"单项目核算"的概念,是全流程意义上的单项目核算,是为了重点解决出版社在一个产品的生产过程中,即从一本书从策划开始到印制、入库、销售等整个环节的单项目核算的管理机制,从而解决图书库存管理的风险问题,解决财务意义上的"应收"和"应付"的问题,最终达到降低出版社经营风险,减少库存占用资金的目的。

单项目核算管理主要体现对单品种按印次建立卡片,记录该印次的所有成本、销售、库存的汇总、明细信息,将每个单品种的生产成本、应计生产成本、库存商品(如产成品、在途等)、销售成本以及其他(如补贴收入)等信息核算到单品种。用户既可按单印次进行核算,又可按单品种进行汇总核算,从而实现按项目管理,乃至实现对编辑个人的考核。

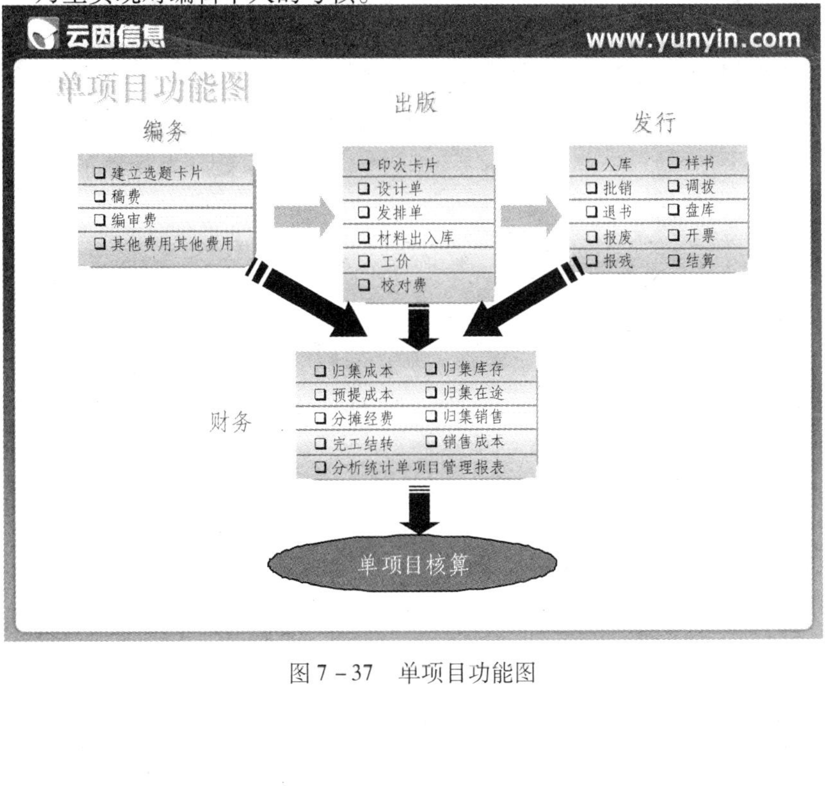

图 7-37 单项目功能图

五、图书生命周期

图书是出版社主要的价值来源,图书就是出版社的产品。如何对图书这种产品进行有效的管理,通过分析其产品特性,调整市场策略,延长产品的生命周期,使销售和利润不衰减,最终达到产品利益最大化是出版社不得不做的一件事。

编务系统中引入产品生命周期管理的概念,对单本书实现从选题阶段开始到选题立项,从图书印制再到图书销售、回款等一系列环节的选题信息、图书信息、成本信息、图书资源信息的管理。通过对单本书产品生命周期的管理,可以全面、立体地了解图书作为市场产品在市场活动中的变化,从而指导出版社调整市场策略和市场行为。

产品生命周期管理主要以图书为主线,能够查询一本书的所有信息,如选题的基本信息、合同信息、审批信息、成书后的所有图书信息、CIP 信息、新书预告信息、成本信息、库存信息、销售信息等,并支持导出 Excel 等格式功能,以便进行数据的二次加工。

图 7-38 云因信息图书生命周期管理页面

>>> 第七章 图书出版项目管理软件的开发和使用 <<<

图书信息查询功能还可提供新书、在销和产品汇总信息,包括新书汇总表、新书一览表、在销书目汇总表、在销书目一览表、产品汇总表、产品一览表、产品查询、产品统计。

图 7-39 云因图书选题信息查询页面

可查询的选题信息包括:选题状态、申报信息、合同信息和审批意见、三审信息、三校信息、封面设计信息、版式设计信息、印前审核情况。

可查询的图书信息包括:图书基本信息、提印单信息、库存信息、销售信息。

可查询的成本信息包括:稿费信息、成本明细。

六、Oracle[11]项目管理的优势

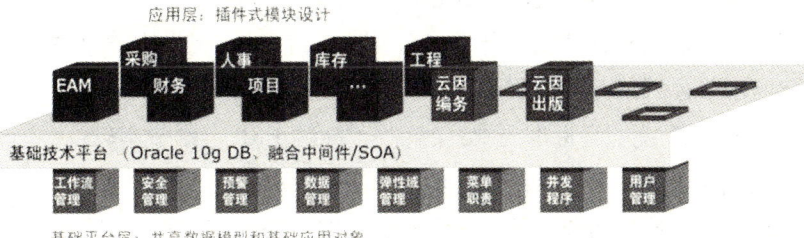

图 7-40 Oracle-Yunyin ERP 系统

为应对"集团化"的出版行业发展趋势，云因信息积极探索，开辟"集团信息化"建设领域的信息技术。为此，云因信息与甲骨文公司（以下简称 Oracle 公司）进行合作，结合云因信息在出版行业多年实施经验及最优成本的本地服务与 Oracle 公司国际一流的业务实践及开放、灵活的企业技术平台的优势，共同推出出版行业集团信息化建设全新的解决方案。

2008 年云因信息与 oracle 公司合作开发的适用于出版行业的 ERP 系统，即"Oracle – Yunyin ERP"系统，使用 Oracle 的电子商务套件（EBS），结合云因信息对出版行业资深的需求分析和理解能力，在 Oracle 开发平台上实现出版行业个性化的需求定制开发，以应对集团化管理、单书单项目成本核算、选题风险管理等需求，同时提高企业效率，减少运营成本，降低实施风险并促进未来发展。

Oracle 电子商务套件是一套全面的集成式的全球业务管理软件。Oracle 的应用系统支持端到端的业务流，并使企业能够基于单一的全局数据模型上管理业务。该套件通过活动与目标的连接，提供了基于自然信息流的可配置的自动化流程。一个预集成的业务流，如从采购到支付，可以更快地实施，更快地获得投资回报，并降低与实施单个应用系统相关的风险，降低管理和维护总成本。

Oracle 电子商务套件包含了财务、销售订单管理、库存、采购、客户关系管理（CRM）、销售、服务和商业智能等模块。Oracle 公司向云因信息开放其应用开发平台，由云因信息实现出版社个性化需求较强的编务和出版流程环节，这样既能满足出版社、出版集团对 ERP 系统的高标准要求，又解决了高端 ERP 定制成本较高、实施风险较大的难题。以全新面貌出现的"Oracle – Yunyin ERP"系统提供了清晰的业务流程，可以帮助出版企业在系统实施的同时梳理管理业务流程，真正实现出版社的单书单项目核算及集团化管理的要求。

注释:

[1] 项目管理常用的量化和指标。SPI 为进度执行指数。进度执行指数(SPI) = 挣值(EV)/计划值(PV)。

[2] 项目管理常用的量化和指标。CPI 为成本执行指数。成本执行指数(CPI) = 挣值(EV)/实际成本(AC)。

[3] 项目管理常用的量化和指标。SV 为进度偏差。进度偏差(SV) = 挣值(EV) – 计划值(PV)。

[4] 项目管理常用的量化和指标。CV 为成本偏差。成本偏差(CV) = 挣值(EV) – 实际成本(AC)。

[5] 甘特图、横道图、网络图、资源图表、资源使用情况表、里程碑总成图是几种统计分析图表形式。

[6] 李明坤. 出版社引进项目管理刍议. 贵州日报. 2004 – 12 – 28.

[7] 所谓 ERP 是英文 Enterprise Resource Planning(企业资源计划)的简写。云因信息认为出版行业的 ERP 建设成功与否,主要体现在两个方面:第一,业务和财务是不是真正实现了一体化的概念;第二,是否体现了业务控制的一体化流程特点。

[8] 产成品指已经完成出版过程并已验收入库,可以按照合同的条件送交订货单位,或者可以作为商品对外销售的产品,包括图书、期刊(杂志)、音像制品、电子出版物、投影片(含缩微制品)等。

[9] 在途库存即已出库未实现销售的产品库存。

[10] 补贴收入是企业从政府或某些国际组织得到的补贴,一般是企业履行了一定的义务后,得到的定额补贴。

[11] Oracle 为公司的名称。Oracle 公司在多个产品领域和行业领域占据全球领先的位置,其中包括:数据库、数据仓库、基于 Linux 系统的数据库、中间件、商业分析软件、商业分析工具、供应链管理、人力资源管理、客户关系管理、应用平台套件等。

第八章　新型图书项目化开发研究

随着新技术的应用以及出版技术的创新,新型出版物应运而生。为与传统图书区别开来,我们称这类图书为新型图书,包括MPR图书、网络书、电子书、手机书、digibook等。新型图书具有电子化编辑、永久性保存、网络化传播、交互性增值、环保型出版的特点,改变了纸质图书的形式和功能,不仅保留读者的阅读习惯,还加入了新的阅读方式,为传统出版成为数字化产品开辟了新的出路。由于新型出版物的出版方式发生了很大的变化,需要采取项目化的管理方式进行开发。笔者选择MPR图书来阐述新型图书的项目化开发。

第一节 天朗时代及其开发的 MPR 图书

MPR 图书是 2008 年由深圳市天朗时代科技有限公司[1]研发成功的新型出版物种,是图书出版领域的数字出版创新项目。该项目把读者阅读纸质书的传统习惯与用电子产品学习的模式进行整合,开发出多媒体印刷读物——可看可听的图书。为了 MPR 图书项目进一步完善和发展,中国出版者协会成立了 MPR 出版物国际事务中心[2],对 MPR 图书出版、发行、MPR 码的使用进行统一管理,为出版单位出版 MPR 图书提供业务指导和服务。

一、天朗时代科技有限公司的成果

深圳市天朗时代科技有限公司是 MPR 项目及相关产品的研发及市场推广者,属于高新科技企业和文化创意产业企业。天朗时代科技有限公司设有产品研发、生产、网络、市场、MPR 出版物国际事务中心、发展研究室、人力资源、财务、办公室等部门和业务机构。其中,MPR 出版物国际事务中心由公司与中国出版工作者协会联合设立,亦属于中国版协的内设机构,全称为中国出版工作者协会 MPR 出版物国际事务中心。该中心的主要业务是管理和发放 MPR 码,面向国内外出版单位,为 MPR 出版业务提供服务,对 MPR 码的使用以及对 MPR 语音文件上传和下载进行管理。

天朗时代开发的 MPR 项目是人类的一项伟大发明,是一项社会化的伟大工程,天朗时代科技有限公司汲取当代数字科技与众多探索者已有的成就,并在此基础上通过融合淬炼,创新突破,终于成就了 MPR,也从此开启了自己的辉煌事业。

MPR 是一项多媒体复合数字出版与阅读学习整体解决方案。这项方案的核心创意是将多媒体数字技术与纸质印刷出版物相结合(Multimedia Print),通过阅读器(Reader)将出版物对应的电子媒体文件展示出来,将这两方面的英文字头相组合,故将之命名为

MPR。

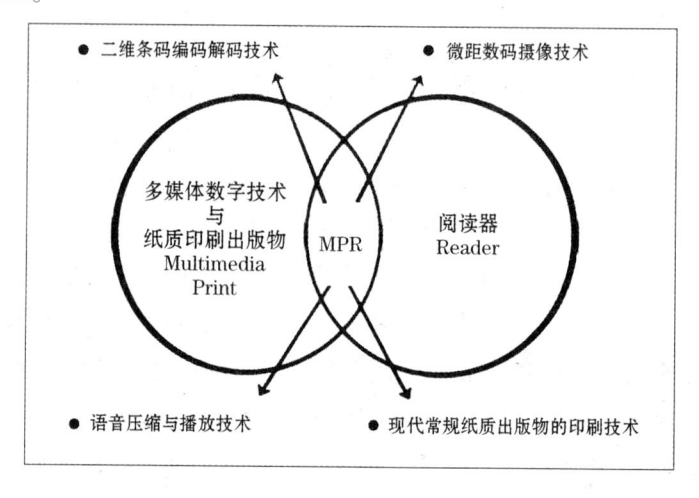

图 8-1　MPR 的构成(来源:天朗时代网)

MPR 是一个集群项目,主要由 MPR 数字编码项目、MPR 出版物项目、MPR 电子阅读器项目、MPR 互联网络项目等组成。以 MPR 码[3]为技术核心,以 MPR 出版物[4]为主要科研成果,以 MPR 阅读器[5]为阅读工具,以 MPR 互联网(MPR 读书网)[6]为运行平台的 MPR 项目群,构成了一个跨媒体、跨行业的新的产业组合体系,形成了完整的社会化的产业链接和配套完善的运行系统。

图 8-2　MPR 项目集群

MPR 成果由四种 MPR 产品相组合而构成、相连接而实现。

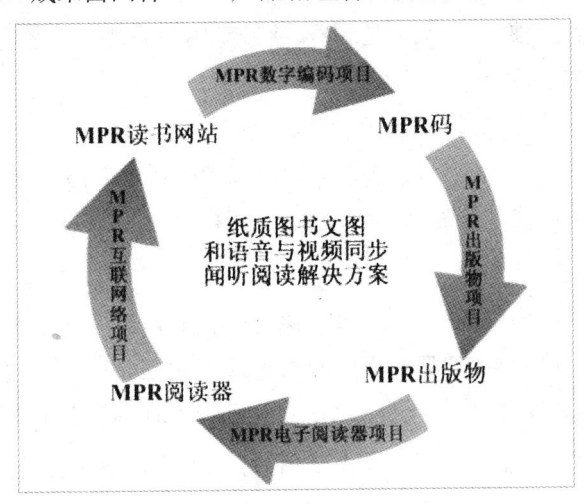

图 8-3　MPR 项目的构成(来源:天朗时代网)

1. MPR 的核心技术产品——MPR 码。MPR 码是由天朗时代科技有限公司研发的核心技术产品。在 MPR 项目群中处于技术核心地位的 MPR 码已获得国家发明专利与 PCT[7]公示,是一种特殊的矩阵式结构的二维条码,用于把印刷读物的图文和多媒体数字音视频文件相关联,使读者在阅读图书的同时可以同步聆听相关声音或观看相关图文内容的数字编码。该数字编码的特别之处在于它具备一般纸质出版物常规印刷实现条件和作为一个出版物种的数量需求条件。

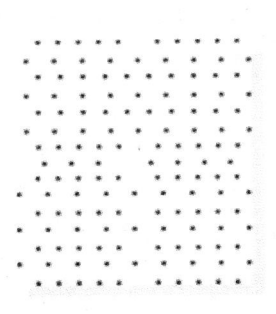

图 8-4　MPR 二维条码(来源:天朗时代网)

在 MPR 项目中,作为数码信息研发成果的 MPR 码,既是应用领域广泛的独立产品,又是 MPR 项目专用产品之一。它是链接出版物和多媒体阅读工具的关键。

作为信息标示的载体,二维条码的应用领域十分广泛。不同的应用领域、不同的行业和技术产品在二维码的使用方面,对其有着各自不同的个性化需求。MPR 码的核心优势是可以满足出版物的海量需求。

供印刷出版物使用的 MPR 码,其码幅容量(不重复的个码数量)、印刷分辨率、纠错能力以及根据印刷出版物内容结构所设计的数字编码结构与使用规则,是目前世界上唯一具备能够支持海量出版物需求的,适合出版物使用,符合出版物通用管理规范,并能够产生一个出版物种的二维数字编码。

MPR 码的优势还在于,它实现海量个码需求的基础是建立在普通印刷出版物所用的制版、纸材、油墨等材料和技术实现条件上的,其码幅、占空比、印刷分辨率、色比度等既要符合常规印刷实现条件,又要符合一般出版物版面视觉的常规要求。

MPR 码作为一项数码科技成果,作为 MPR 出版物唯一统一用码,其出版物《编码规则》已进行了著作权登记,MPR 码已经获得国家专利证书,并作为执行标准,写进了多媒体印刷读物出版物国家行业标准。

2. MPR 出版物。MPR 出版物是多媒体印刷读物出版物(Multimedia Print Reader)的英文简称。它是 MPR 项目创新研发的主要成果。

图 8-5　MPR 出版物(来源:天朗时代网)

在出版物种的族群中，MPR 出版物是继纸质出版物（书、报、刊）、音像出版物（磁带、光盘）、电子出版物（内容初始固化和网络流量下载的电子阅读工具）之后的第四个出版物种。它把数字技术和处于出版产业主体地位的传统纸质出版相嫁接，兼有纸质、音像、电子乃至网络出版载体的共同特点，有效地对传统出版与数字技术进行整合，打破了传统出版与数字出版的界线，开辟了多媒体复合数字出版的新生领域。

MPR 出版物是在纸质出版物中隐形地印有与图文内容相对应、代表其声音的 MPR 码，通过 MPR 阅读器点触并识别书中的 MPR 码，将与图书内容相对应的多媒体音视频内容表达出来，从而成为具有闻听视看功能的出版物。

MPR 出版物（连同整个 MPR 项目）由读书人、出版人和科技人员共同发明创造，它代表读者的需求、利益和意愿，也代表出版者的利益和需求。在产品实现方面，研发者始终从出版者的角度出发，为 MPR 出版物创造有利的出版条件。例如：在印刷实现条件方面，研发者攻克了二维码与光电技术相衔接的众多难关，达到了 MPR 阅读器对码幅、占空比和印刷分辨率在普通油墨、常用纸张、一般制版及印刷设备条件下的实现要求，避免了因为使用特殊印刷材料和特殊生产工艺给出版者带来的成本增加。在实现程序上，公司在不失维护市场秩序的前提下，将条码生成软件提供给出版者，不改变出版业现有的图书出版流程，避免给出版者造成麻烦。

3. MPR 阅读器。虽然市面上已经有很多阅读器，但 MPR 阅读器与众不同。MPR 阅读器是 MPR 项目的主要产品，是阅读 MPR 出版物并藉以实现闻听阅读效果的唯一工具。

MPR 阅读器通过初始固定置入或通过 MPR 读书网下载流量置入 MPR 出版物声音文件[8]，用其点读 MPR 出版物中 MPR 码，即可标准读出与该处文图内容相对应的声音。

MPR 阅读器既具有不断增加功能的发展空间，又绝对保证每一只阅读器可以识读任意时间出版、任意语种文字的 MPR 出版物。

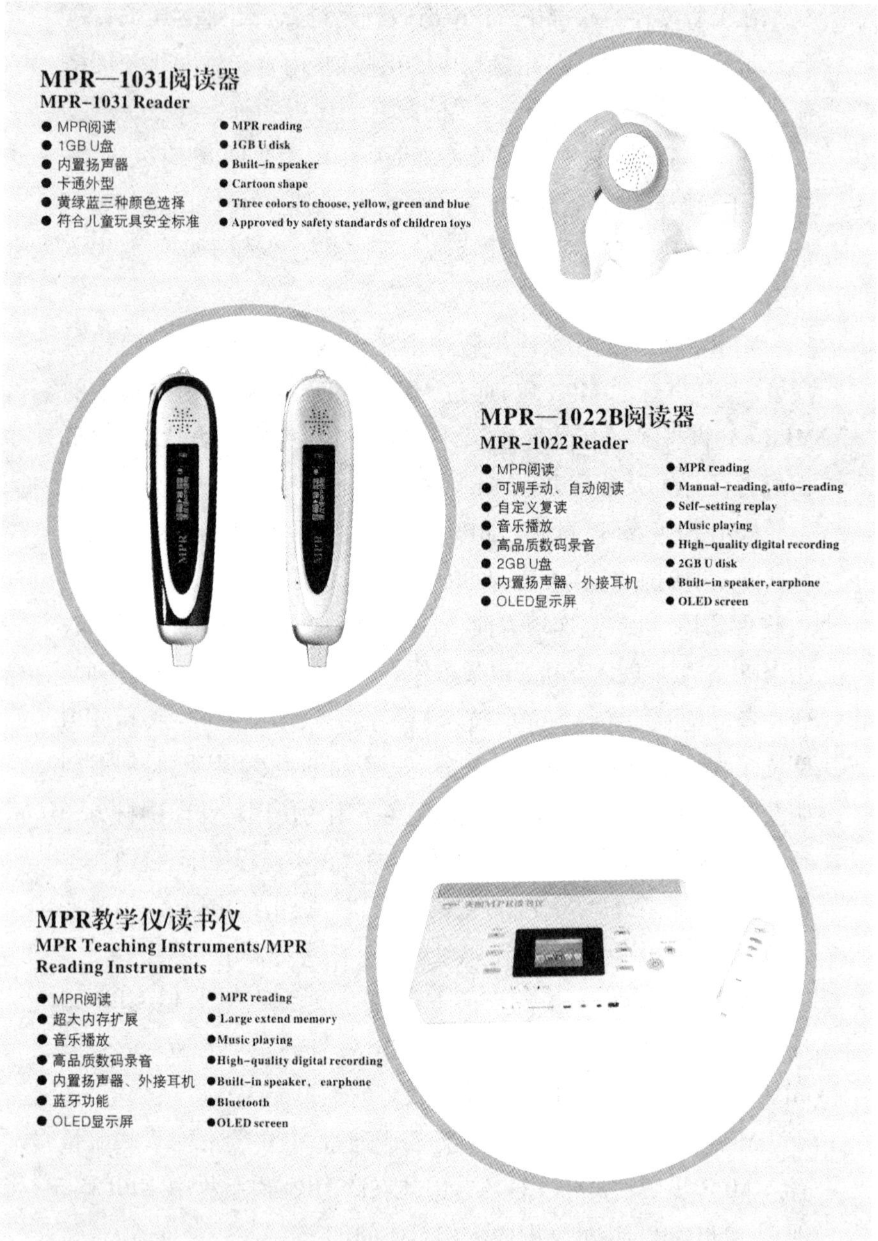

MPR—1031阅读器
MPR-1031 Reader

- MPR阅读
- 1GB U盘
- 内置扬声器
- 卡通外型
- 黄绿蓝三种颜色选择
- 符合儿童玩具安全标准

- MPR reading
- 1GB U disk
- Built-in speaker
- Cartoon shape
- Three colors to choose, yellow, green and blue
- Approved by safety standards of children toys

MPR—1022B阅读器
MPR-1022 Reader

- MPR阅读
- 可调手动、自动阅读
- 自定义复读
- 音乐播放
- 高品质数码录音
- 2GB U盘
- 内置扬声器、外接耳机
- OLED显示屏

- MPR reading
- Manual-reading, auto-reading
- Self-setting replay
- Music playing
- High-quality digital recording
- 2GB U disk
- Built-in speaker, earphone
- OLED screen

MPR教学仪/读书仪
MPR Teaching Instruments/MPR Reading Instruments

- MPR阅读
- 超大内存扩展
- 音乐播放
- 高品质数码录音
- 内置扬声器、外接耳机
- 蓝牙功能
- OLED显示屏

- MPR reading
- Large extend memory
- Music playing
- High-quality digital recording
- Built-in speaker, earphone
- Bluetooth
- OLED screen

图 8-6　MPR 阅读器(来源:天朗时代网)

>>> 第八章　新型图书项目化开发研究 <<<

4. MPR 读书网。MPR 读书网是 MPR 项目的有机组成部分，是出版 MPR 出版物的业务平台，是 MPR 出版物语音文件的数据库，是联通出版物与阅读器的网络枢纽。MPR 图书出版者从该平台获取 MPR 码，全世界所有 MPR 图书的语音或视频文件，均上载并存储于 MPR 读书网的数据库内，供所有使用 MPR 阅读器的读者下载使用。有了 MPR 读书网，读者可以利用 MPR 阅读器反复下载语音或视频文件。

图 8-7　MPR 读书网(来源:天朗时代网)

二、MPR 图书的出版价值

从出版者的角度审视,MPR 图书为终端用户提供了更好的服务,满足了读者的现实需求,而读者的需求就是市场需求,因此,MPR 图书有极大的市场需求。另一方面,MPR 图书增加了传统图书的功能,开辟了传统出版与数字技术结合的途径,更大的意义在于推动传统出版的现代化发展。出版是以先进的技术为支撑的,技术的更新支撑出版产业的换代升级,从铅与火、光与电到互联网与数字技术,出版的跨越发展与新技术应用紧密相连。只要有更先进的技术出现,出版更新换代的趋势就不可逆转。

从产业发展角度看,出版产业现代化就是出版技术的现代化。数字技术和互联网技术出现以后,如何借助数字和互联网技术改造传统出版业,是传统出版业经受住考验的关键。MPR 图书借助先进的数码和互联网技术,对出版物载体形态、存储手段、传播形式、销售业态、阅读方式都有不同程度的改进,突出技术对内容、信息、资讯的有效整合,提高出版服务的手段,随着出版业不断研发相关的增值业务,不断拓展高科技在出版业的运用,推动了整个出版产业的现代化发展。

第二节 出版社出版 MPR 图书的可行性分析

一、市场需求分析

MPR 图书具有任意点读、即时发声、出现视频的特点,尤其在语言教材类和少儿读物方面,其优势十分明显。那么,这两类图书有多大的市场呢?2004 年以来,我国图书出版的总量基本在 20 万至 23 万余种。以 2006 年图书的出版情况为准,新版图书 130,264 种,重印图书 103,707 种,其中,语言教材类图书占 22.9%,少儿类图书占 5.59%,两者合计占 28.49%。粗略估计,有将近 30% 的的图书适合采用 MPR 的形式出版。MPR 产品市场前景十分广阔。从幼儿园到大学、到成人教育,各类教材教辅,尤其是语言类教学用书,均是应用 MPR 的优势所在。

2007 年 8 月,在吉林省教育与出版机构的配合下,天朗公司向长春市 3 所重点学校投放了 3 种教材,1743 只阅读器,在 1703 名学生和 40 名教师中进行了两个学期的教学实验。MPR 版教材和阅读器经历了从学生喜欢、家长欢迎、教师限制,到学生、家长、教师都喜爱的过程;经历了从教师规定只准许在校外使用到教师与学生在课堂共同应用的过程。MPR 教学实验结果表明,MPR 产品在教学领域的应用十分成功。一是促进了学生自学的自主性,为学生自学创造了"教"的条件,为教师创造了更多发挥教学组织与辅导作用的条件。二是教材的声音内容拓展了教材文图内容的空间,增加了教学内容的广泛性、趣味性、延伸性。三是 MPR 版教材以高科技推动了教学方式的改革,提升了教学质量与速度,减轻了教与学的课业负担。四是有效解决了教师资源配置的难题,让名师优教跟着课本走进每一个学生的学习生活。

需求,催生了专门的社会机构。MPR 教学实验的成功引起了教育行政、教学研究、教材出版等机构的关注。继吉林省出现 MPR 教学应用研究所之后,北京、河北、四川、浙江、河南、山东等地也有即将产生此类机构的讯息。

需求,催生更多 MPR 版教材的问世。随着北京、上海、吉林一些教材出版机构推出的外语、语文、数学、音乐教材之后,新疆已经将少数民族双语教材转为 MPR 版,四川则正在进行。至 2008 年 12 月,50 余家出版机构已经出版或正在制作的 MPR 图书已有 300 余种。而在国外,诸如麦克米伦、出版国际、时代华纳以及我国香港、台湾的晶晶教育等著名教材出版机构,出版 MPR 版教科书的业务也已开始。

需求,在市场中得到验证。从 2008 年 6 月开始,在深圳 3 家书城进行了为期半年的小规模 MPR 产品销售试验。卖场情况报告:童趣出版公司30余种MRP版图书销量是同场非MPR版的3.7倍;吉林文史出版社的《小学生古典诗词200篇》是同场该书非MPR版的27倍!

应教育行政机构要求所开发的MPR教学仪,在吉林、河北、山西、北京、四川等地已经进入"远程教育工程"计划,订货需求已经产生。

其次是媒体产品连接所产生的需求互动的市场效应看好。一本或几本MPR教材,可以让一个学生拥有一只MPR阅读器,而拥有一只MPR阅读器,又将派生对更多MPR图书的需求。突破了阅读障碍的图书,必会引发人们空前的阅读热情,也必将产生一个空前繁荣的图书市场。

在图书制作方面,由于MPR图书编辑过程中需要加入声音或视频文件的制作和MPR码的标示等工作,会增加一定的成本。但是,相比书配盘、书配带的出版物生产,出版社减少了磁带、光盘的制作费用,在常规印刷条件下即可实现MPR图书,综合核算更为经济。

二、相关问题的解决

出版MPR图书主要涉及技术、管理和售后服务等问题。这些问题已经有了妥善的解决方案。

1.应用的技术成熟稳定。MPR项目是将现代最先进的二维条码编码解码技术、微距数码摄像技术、语音压缩及播放技术和纸制出版物的现代印刷技术加以整合开发形成的一项专有创新技术。以上技术已经十分成熟,项目的创意在于整合。因此,对于出版社来说,出版MPR图书技术并不复杂,新增加的工作集中在出版和印制两个环节。出版过程主要是增加了录音录像的工作,出版社能够独立完成或外包给相关公司,不存在技术障碍。印制过程对铺码设计、制版和印刷工艺有一定的要求,但是由于操作流程和工序并不复杂,现有工人经过简单的培训完全可以胜任,MPR出版物国际事务中心为出版社提供指导和服务。

2.管理机构和管理办法基本健全。MPR图书被国家新闻出版总署确定为一个新的出版物种,并建立了管理机构——中国出版工作者协会MPR出版物国际事务中心(简称MPR中心),负责出版者的身份认定、MPR码发放管理和售后服务等工作,MPR中心制定了MPR码领取和使用办法,为指导MPR图书的规范出版奠定了基础。在出版社内部,MPR图书的管理主要是通过与MPR中心及所辖MPR读书网联系共同实施。MPR出版物和普通纸质图书没有本质差别,管理方法和内容与传统纸质图书基本相同。另外,2009年4月,国家新闻出版总署颁布了MPR出版物行业标准,规定了MPR出版物的基本管理规范,MPR出版物的管理机构和管理办法基本健全。

3.具有针对读者和出版者的服务方式。MPR项目十分重视对用户的服务工作。MPR图书对读者的服务分两部分:纸质书的服务由出版单位负责,阅读器的售后服务由阅读器生产者负责,发行单位可以代办相关工作,确保消费者的利益。对出版MPR图书的出版社的服务,包括业务指导、人员培训、学习交流等,由MPR出版物国际事务中心提供。

MPR图书是基于数字技术和互联网技术的现代出版,不仅延伸了出版业的形态,丰富了出版产品的形式,而且极大地开拓了出版传播空间。MPR图书用先进的数字技术增加图书使用的方便性、快捷性,能更好地满足读者的需求,有广阔的发展前景,是社会效益和经济效益双效俱佳的项目。

第三节　MPR 图书的出版与阅读流程

图 8-8　MPR 图书的出版与阅读（来源：天朗时代网）

从图 8-8 可以看出：MPR 图书出版的独特之处在于编辑、印刷过程中加入 MPR 码，同时将录制好的声音文件制作上传到 MPR 读书网，读者用 MPR 阅读器从读书网下载相对应的声音文件后，点触 MPR 图书相应码位，可以听到与文字或图片对照的声音。

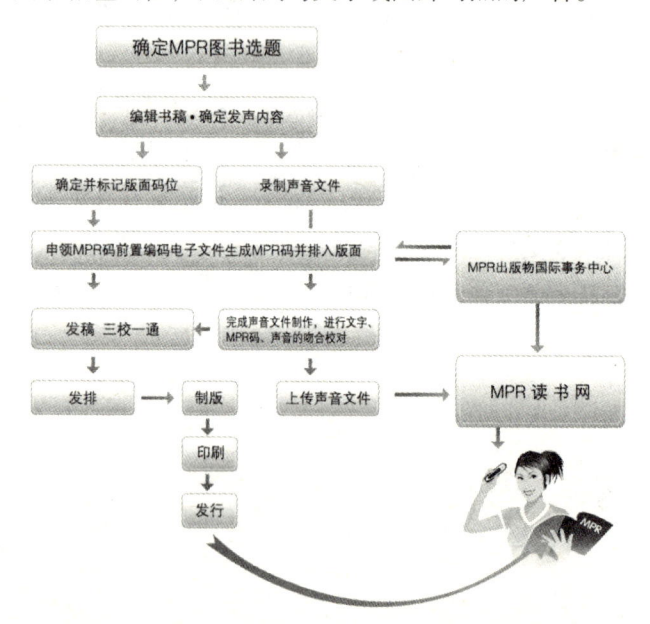

图 8-9　MPR 图书出版与阅读流程图（来源：天朗时代网）

由于 MPR 图书出版流程与传统图书出版流程相比,增加了声音文件的设计、编辑与校对,出版社对新增加的工作要明确分工。由于出版社出版重点不同,MPR 图书出版数量有多有少,出版社可以采用不同的机制和管理方式。这里提供几种不同模式供出版社参考。第一,如果是前期试验阶段,MPR 图书出版数量较小,出版社最好将声音文件制作工作外包给相关公司,由责任编辑对外包业务进行把关。声音文件的制作业务并不复杂,MPR 出版物国际事务中心可以提供此项业务的指导和服务。第二,如果 MPR 图书出版数量较多,占出版社总量比例较大,声音文件应该放在出版社内制作。有些出版社设置有数字化部,可以由该部门负责制作,责编提供声音内容脚本、提出声音效果的要求;或者设立技术编辑岗位,协助责任编辑完成相关工作。第三,教育社、少儿社是 MPR 图书出版的主力军,要做长久出版规划。要求出版社相关人员掌握 MPR 图书出版技能。出版社通过有计划的业务培训(MPR 出版物国际事务中心提供此项服务),把新增加的工作分配给相关的人员。其中,责任编辑需要承担的工作包括:确定需要发音的内容、编写声音脚本、选择发音内容与阅读器接触的位置、标示版面的码位、检查对照声音与文字的对应情况。校对需要承担声音与文字对应的校对工作。照排室或数字化部负责使用 MPR 码编码排版软件在电脑上生成声音文件,而与 MPR 中心及读书网之间的联系可交总编室和数字化部完成。第四,业务联系紧密的集团化出版单位,可以建立提供录音服务的专业公司,为出版单位提供有偿服务。不论采取哪种模式,目的在于保证质量、提高效益。

第四节 对出版社开发 MPR 图书的建议

MPR 图书在功能上有新的突破并给读者带来极大的方便,所创造的出版效益是不可估量的。出版界应积极主动参与到 MPR

图书的出版中,以满足读者需求及推动传统出版向现代出版的转型。这里对出版社出版 MPR 图书的规划提几点参考意见。

一、选择合适的范围

从以上分析得知,出版社可以选择一、两个系列进行 MPR 图书开发的尝试,然后综合市场情况再定规模。如果读者不使用阅读器,仍可以把 MPR 图书作为一般图书阅读。

由于 MPR 图书编辑过程中需要加入声音文件的制作和 MPR 码的标示,必然会增加一定的工作量,因此,没必要把所有的图书都改成 MPR 图书。哪些图书更适合出版 MPR 图书呢？相比可以发音的磁带、光盘等出版物,MPR 图书具有任意点读、即时发声的特点,是语言学习和音乐教育的好帮手。因此语言、音乐类教材、教辅和词典适宜采用 MPR 出版。另外,根据少年儿童识字量有限,老年人眼花等情况,阅读文字读物会有一定的困难,MPR 图书可以帮助他们解决问题。

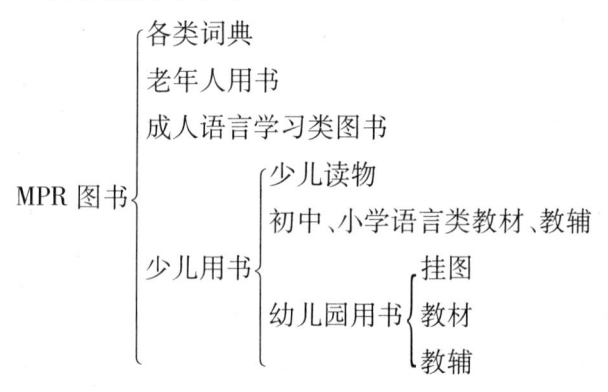

MPR 图书
├ 各类词典
├ 老年人用书
├ 成人语言学习类图书
└ 少儿用书
　├ 少儿读物
　├ 初中、小学语言类教材、教辅
　└ 幼儿园用书
　　├ 挂图
　　├ 教材
　　└ 教辅

图 8-10　推荐出版 MPR 图书类别

出版社可以策划 MPR 图书的丛书、套书、系列书,以提供充足的产品,满足使用者持续使用的要求,以培养固定长久的用户,同时减少读者的经济负担。由于有 MPR 读书网的支持,MPR 图书和 MPR 阅读器不必捆绑销售,读者只要拥有一支 MPR 阅读器便可以听读全球所有 MPR 版图书。

二、严把图书质量关

出版社应该注重提高编辑制作 MPR 图书的质量。出版物质量标准是管理部门对出版物进行监督和管理的依据。也是出版部门对出版过程控制的依据。在新型出版物质量标准没有正式出台的情况下,出版单位可以研究制定内部的标准,在出版的各个环节对出版物质量层层把关,保证出版高质量产品。MPR 图书质量标准应包括文字内容和声音内容两部分。文字部分参照传统图书执行,声音部分可以参照广播、电视录音质量要求制订并进行量化。比如声音的速度、清晰度、准确度等达到什么标准,另外还要检查声音文字的对应情况,避免张冠李戴。为方便声音和文字内容综合评定,建议把声音质量各项要求量化并仿照文字编校质量评定分成优秀、良好、合格、不合格 4 个等级,文字或声音有一项不合格便视为不合格产品。

MPR 图书在编辑环节有新的任务,印制环节有新的印刷技术,发行也有新的模式。MPR 图书对于出版界是一项新的业务,出版界要在了解 MPR 图书出版原理的基础上,对发展新业务有切合实际的规划,对编辑、制作、发行、服务等环节的管理进行必要的规范。

三、重视图书的著作权

在 MPR 图书出版过程中,还有一个重要的问题不容忽视:由于 MPR 图书的出版发行需要取得作品的复制权、录音权、发行权、网络传播权,出版社在出版前要取得作品的相关授权,如果有配乐等项目,还要取得合法的使用权。出版社出版新的 MPR 图书时,要与著作权人在出版合同中签定相关事宜;如果出版社将已经出版的图书重新制作成 MPR 图书,也需要按照《著作权法》的要求,与作者协商有关版权问题,避免由此引发版权纠纷。

四、深入发掘其优势

相比传统图书,MPR 图书有明显的优势,出版社只有重点强化这些优势,才能充分发挥 MPR 图书的作用,更好地满足读者需求。MPR 图书具备的主要优势集中在以下几个方面：

1. 解决了阅读器与图书捆绑销售的问题。在 MPR 成果问世之前，国内外市场上与 MPR 相类似的产品的共同特点是：一个阅读器和一种或数种出版物进行捆绑销售，增加了读者的经济负担，也影响了销售。其根源就是由于受所用二维码条件的限制。因此，码制不能支持海量出版物，不能为产业化出版所应用，阅读器也不能有效点读更多的图书，不能在同一个出版物种中通用。MPR 码克服了个码数量有限的限制，根据需求设定，MPR 码在不重复使用任何一个个码的情况下，可以满足海量出版物的海量需求。一只 MPR 阅读器在手可以读遍全球 MPR 版图书，这也是 MPR 阅读器比其他阅读器的优越之处。

2. 解决了 MPR 图书与一般图书重复出版的问题。MPR 出版物在不使用 MPR 阅读器的情况下，与传统的纸质出版物几乎没有区别。与配制磁带或光盘的有声图书相比，MPR 出版物只需完成声音文件的录制即可，省却了磁带或光盘的出版生产成本。同时，采用铺底印刷的用码方式，标示 MPR 出版物声音文件的二维条码隐藏在图文之下，不会出现涨版而导致成本增加，出版者在不增加出版成本和出版难度的情况下就可以实现常规出版物与 MPR 出版物之间的平移，开辟出一个全新的出版空间。读者可以使用阅读器闻听内容，也可以不使用阅读器看读内容，具有依读者需要随读者意愿选择阅读方式的灵活性，为读者带来了便利，满足了读者的需求。

因此，MPR 出版物具备了传统纸质图书和有声读物的双重特点和优势。

3. 建立了声音数据库开发途径。出版 MPR 图书同时需要录制声音或视频文件上传至 MPR 读书网，MPR 读书网就成了声音文件和视频的存储地。随着 MPR 图书的出版，其声音或视频文件逐步积累成数据库，形成新的可以二次利用的出版资源，能够被多媒体出版开发和利用，比如广播、电视、电影、网络等。通过 MPR

网搜集、整理上传的声音和视频文件,出版资源可以立体开发和重复使用,顺应了出版立体化的发展方向。

4. 有效防止出版物盗版盗印。盗版盗印是妨碍出版产业健康发展的顽疾,盗版盗印问题一直是困扰出版界的难题。而 MPR 出版物却能轻而易举地解决这一问题。

MPR 出版物上的 MPR 码不能通过复印、扫描和照相进行有效复制。在不使用母版菲林的情况下进行复制印刷,MPR 码就会失去被阅读器识读的功能,因而,MPR 出版物具有防盗印的功能。这为防范和打击盗版盗印,维护出版者权益创造了迄今为止最为有效的条件。

5. 减少不同语言造成的阅读障碍。语言是出版交流的主要障碍,不同种语言的出版物进行交流,需要翻译后再出版,才能被不同语言的读者使用。MPR 出版物的声音和视频文件没有语种及其数量的限制,它可配以对印刷读物内容的标准诵读和权威的讲解,一种印刷读物版本,可以配有多种语言的音视频文件版本,并且语音文件版本可以适时更新增加。即在出版 MPR 图书时,可以用多种语言录制声音视频文件,读者可以通过"听书"消除看不懂文字的干扰,尽快欣赏到更多的作品,还可以通过"听书"学习看不懂的文字,对文化交流是一大促进。相对于纸质出版物的编辑、印制等复杂过程,声音、视频文件的制作成本较低、传递快捷并减少纸张的使用,符合绿色出版的要求。

总之,MPR 图书作为一个新兴的出版项目是一个系统工程,需要出版、发行、印制、作者、读者共同建设一个和谐健康发展的环境。在这个系统中,出版是源头也是产品的生产者,承担一定的风险和责任,也有很大的发展机遇,值得对这一新兴出版项目进行科学研究、统筹规划、积极尝试。相信随着印刷技术和阅读器功能的提升,MPR 图书的范围和功能会进一步扩大,传统纸质图书的作用可以得到更好发挥,也会给读者带来更大的便利。

注释：

[1] 深圳市天朗时代科技有限公司成立于2005年11月，主要业务是MPR项目及相关产品的研发及市场推广。文中有关公司的信息来源于天朗时代网。

[2] MPR出版物国际事务中心是中国出版者协会为开创和推进纸质数码有声出版物出版创新事业而设立的协会内部机构，为MPR出版提供专项服务。

[3] MPR码全称二维条码GM-MPR，是专门为多媒体复合数字出版与阅读学习整体解决方案而研发产生的信息标示载体，适用于所有文字或图像的纸质印刷物。

[4] MPR出版物是多媒体印刷读物的简称。

[5] MPR阅读器是MPR出版物的阅读工具，用于阅读MPR出版物。

[6] MPR互联网(MPR读书网)是MPR项目及业务运行平台，国际性的门户网站，网址为http://www.mpreader.com。

[7] PCT指专利合作条约，是专利领域的国际合作条约，1978年6月1日生效。

[8] MPR出版物声音文件是能够置入MPR阅读器并通过点读MPR码获得声音播放的数字音频文件的总和。

本书参考文献

[1] 中国项目管理研究委员会. 中国项目管理知识体系与国际项目管理专业资质认证标准. 北京:机械工业出版社,2000.
[2] 白思俊. 现代项目管理概论. 北京:电子工业出版社,2006.
[3] 中国(双法)项目管理研究委员会. 中国项目管理知识体系(C－PMBOK2006)北京:电子工业出版社,2006.
[4] 黄主梅. 信息化与出版管理创新. 出版科学,2004,1.
[5] 屈振军. 图书出版远程协作系统的应用. 出版经济,2005,7.
[6] 刘　彤. 出版社 ERP 构筑. 出版发行研究,2005,4.
[7] 张赛加. 出版集团 ERP 系统实务探讨. 出版发行研究,2007,10.
[8] 姜　华. 出版项目制:出版社持续发展的动力. 出版科学,2005,5.

[9] 胡永旭. 图书出版项目管理及其应用(一). 出版发行研究, 2000, 10.

[10] 胡永旭. 图书项目经理——图书出版项目管理及其应用(二). 出版发行研究, 2000, 11.

[11] 胡永旭. 图书项目经理部——图书出版项目管理及其应用(三). 出版发行研究, 2000, 12.

[12] 胡永旭. 图书项目成本管理——图书出版项目管理及其应用(四). 出版发行研究, 2001, 1.

[13] 谢芳谷. 新形势下图书成本核算方法探讨. 中国新闻出版报. 2002-11-02.

[14] 胡景明. 项目管理在图书核算中的应用. 新闻出版交流, 2003, 5.

[15] 陈仲芳. 高校教材出版中的项目运作. 出版发行研究, 2002, 6.

[16] 胡 元. 重点选题的全程策划应实施项目管理. 编辑之友, 2005, 4.

[17] 王 霁. 人大社走内涵式发展道路实现跳跃式发展. 中华读书报. 2002-01-07.

[18] 姚 东. 项目管理是规范石油标准编辑出版工作的好途径. 石油工业技术监督, 2001, 2.

[19] 刘 超. 出版社引入项目管理势在必行. 中华读书报. 2003-11-19.

[20] 汪 萍. 项目管理在出版活动中的应用. 大学出版, 2002, 4.

[21] 杨文轩. 至少5年内, 项目管理无法风行. 中华读书报. 2003-11-19

[22] 魏龙泉. 美国出版社的编辑项目计划. 出版参考, 2005, 27.

[23] 陈云峰. 项目管理在出版业务中的运用. 科技与出版, 2001, 5.

[24] 李明坤. 出版社引用项目管理刍议. 贵州日报. 2004-12-28.

[25] 邓宁丰, 阎列. 图书出版项目管理. 科技与出版, 2006, 3.

[26] 张鸽盛, 徐金娥. 出版社编辑要有项目管理意识. 编辑之友,

2007,3.

[27] 黎波.先做分工再做项目管理.中华读书报.2003-11-19.

[28] 赵学军.图书出版活动中亟须引入项目管理.编辑之友,2004,5.

[29] 周红.编辑——现代出版业中的项目管理者.编辑之友,2004,5.

[30] 李新妞,王益民.图书出版项目管理研究综述.北京印刷学院学报,2006,2.

[31] 赵学军.试论项目管理在图书出版活动中的应用.出版发行研究,2004,10.

[32] 徐建军.图书出版项目管理的必要准备.出版参考,2005,21.

[33] 牛孝莲.项目管理在图书出版中的应用.工程经济,2006,9.

[34] 李坤.引入项目管理理念提升出版社核心竞争力.出版经济,2003,3.

[35] 莫晓东.实行项目管理对优化编辑出版系统具有重要作用.编辑之友,2004,6.

[36] 赵学军.项目管理,转制的第一步.出版广角,2004,11.

[37] 赵学军.图书出版项目管理的主要内容.中国出版,2004,4.

[38] 邓云燕.出版业项目管理在"约束"中达成目标.中国新闻出版报.2008-03-02.

[39] 郝振省.2007-2008中国数字出版产业年度报告.北京:中国书籍出版社,2008.

[40] 董中锋.文化关怀中的现代出版.南昌:江西高校出版社,2005.

[41] 罗紫初等.初版学基础.太原:山西人民出版社,2005.

[42] 王建辉.新出版观的探索.武汉:华中师范大学出版社,2002.

[43] 余敏主编.出版学.北京:中国书籍出版社,2002.

[44] 于友先.现代出版产业发展论.苏州:苏州大学出版社,2003.

[45] 张志强.20世纪中国的出版研究.南宁:广西教育出版社,2004.

[46] 罗紫初. 比较出版学. 武汉: 武汉大学出版社, 2006.

[47] 罗紫初. 比较发行学. 北京: 高等教育出版社, 2000.

[48] 张小影, 陈三国. 中国书业调查. 沈阳: 辽宁人民出版社, 2002.

[49] 余敏. 国际出版业状况及预测 (2002 – 2003). 北京: 中国书籍出版社, 2003.

[50] 余敏. 国际出版业状况及预测 (2003 – 2004). 北京: 中国书籍出版社, 2004.

[51] 余敏. 中国出版集团研究. 北京: 中国书籍出版社, 2001.

[52] 陆本瑞. 外国出版概况 (修订版). 沈阳: 辽海出版社, 2003.

[53] 杨牧之. 出版论稿. 郑州: 大象出版社, 2003.

[54] 黄先蓉. 出版学研究进展. 武汉: 武汉大学出版社, 2006.

[55] 魏龙泉编著. 美国出版社的组织和营销. 北京: 中国经济出版社, 2000.

[56] 魏龙泉编著. 纵揽美国图书出版与发行. 北京: 中国经济出版社, 2007.

[57] 张天定. 图书出版学. 开封: 河南大学出版社, 2006.

[58] 耿相新. 英美出版文化行记. 开封: 河南大学出版社, 2006.

[59] 朱建伟. 现代出版管理论. 郑州: 大象出版社, 2006.

[60] 白思俊. 现代项目管理概论. 北京: 电子工业出版社, 2006.

[61] 中国项目管理研究委员会. 中国项目管理知识体系. 北京: 电子工业出版社, 2006.

[62] [日] 小林一博著, 甄西译. 出版大崩溃. 上海: 上海三联书店, 2004.

[63] [美] 小赫伯特贝利著, 王益译. 图书出版的艺术与科学. 石家庄: 河北教育出版社, 2004.

[64] [美] 艾佛利卡多佐著, 徐丽芳等译. 成功出版完全指南. 石家庄: 河北教育出版社, 2004.

[65] [英] 吉尔戴维斯, 宋伟航译. 我是编辑高手. 石家庄: 河北教

育出版社.2004.
[66][英]艾莉森·贝佛斯托克著,张美娟等译.图书营销.石家庄:河北教育出版社,2004.
[67][美]艾佛利.卡多佐等著,徐丽芳等译.中国出版人操作实物指南.石家庄:河北教育出版社,2004.
[68][美]杰夫·赫曼著,崔人元,宋健健译.选题策划.石家庄:河北教育出版社,2004.
[69][美]玛丽莲·罗斯,汤姆·罗斯著,张静译.售书攻略.石家庄:河北教育出版社,2004.
[70][美]托马斯·沃尔著,杨贵山译.为赢利而出版.北京:中国人民大学出版社,2005.

本人已发表的相关学术论文目录

[1]《图书项目管理的主要内容》
    中国出版,2004,7.
[2]《图书出版活动中亟须引入项目管理》
    编辑之友,2004,5.
[3]《试论项目管理在图书出版活动中的应用》
    出版发行研究,2004,10.
[4]《项目管理,转制的第一步》
    出版广角,2004,10.
[5]《出版社实施项目管理的利弊分析》
    出版发行研究,2008,7.
[6]《出版社按项目进行管理的组织结构分析》
    出版发行研究,2009,1.

[7]《建设中国可供书目数据库任重道远》

　　编辑之友,2007,2.

[8]《网络出版的发展之路》

　　中国编辑,2005,5.

[9]《论 MPR 图书的出版价值和发展前景》

　　中国出版,2008,7.

[10]《出版社 MPR 图书项目的方案》

　　中国出版,2008,12.

后 记

年少无知的时候会认为,做成一件事情是个人努力的结果,成人以后才明白,那是许多人对你支持与帮助的结晶。于是,每件事情做完,我的心里便会增加一串长长的名字。回想他们为此付出的心血和智慧,回想他们给予我的鼓励和帮助,心中溢满感动。我甚至会撇开事情本身,感动于他们的精神、感动于他们的品格、感动于他们的为人。我曾无数次在心里表达对他们的尊敬和感激。

第一个要感谢的是我的恩师吴廷俊教授。这本书是在我博士论文的基础上,又增加了出版行业的应用情况写成的。在博士论文选题、开题、撰写、修改的 3 年中,吴教授以他严谨的治学态度、实事求是的科研精神、高屋建瓴的眼光、深厚的学术功底、渊博的学识、缜密的思维教给我研究的方法。从吴教授那里,我更为深刻地领悟到真诚做人、踏实做事的道理。我还要感谢华中科技大学新闻与传播学院一批德才兼备的博士生导师,他们是(按授课时间顺序)屠忠俊教授、申凡教授、赵振宇教授、孙旭培教授、刘洁教授、张昆教授、舒咏平教授、陈先红教授。感谢教授公共课的许明武等教授。感谢负责教学安排的院系老师。

此书的出版得到了中国出版科学研究所所长郝振省先生,大象出版社社长耿相新先生、总编室主任王晓宁先生,时代天朗科技有限公司董事长、总经理李政放先生,时代天朗科技有限公司董事长的运营助理兼市场总监曹戈先生、市场部区域经理王丽女士,北京云因信息技术有限公司总经理陈健良先生、销售经理陈亚丽女士的大力支持与帮助。感谢他们为此书出版付出的心血和智慧!最后,感谢中原出版传媒集团公司的领导、同事对我学习上的支持!感谢家人和好友给予的鼓励!

学习和研究是让自己看到不足的镜子,通过学习和研究明白事理、了解规律是一件快乐而有意义的事!

著　者

2009 年 12 月